Texte détérioré — reliure défectueuse
NF Z 43-120-11

ŒUVRE SPIRITUALISTE

ENTRETIENS POSTHUMES

DU

PHILOSOPHE

PIERRE DE BÉRANGER

(DIT ABAILARD)

Dédié à ceux qui doutent, à ceux qui cherchent, à ceux que préoccupe l'existence de l'âme, ses origines et ses fins.

ENTRETIENS POSTHUMES

DE

PIERRE DE BÉRANGER

(DIT ABAILARD)

Tous droits de reproduction et de traduction réservés pour tous les pays y compris la Suède et la Norvège.

ŒUVRE SPIRITUALISTE

ENTRETIENS POSTHUMES

DU

PHILOSOPHE

PIERRE DE BÉRANGER

(DIT ABAILARD)

> *Dédié à ceux qui doutent, à ceux qui cherchent, à ceux que préoccupe l'existence de l'âme, ses origines et ses fins.*

PARIS
Librairie Générale des Sciences occultes
BIBLIOTHÈQUE CHACORNAC
11, QUAI SAINT-MICHEL
1906

Fac similé du psychographe ayant servi à la rédaction de cet ouvrage, dans les conditions suivantes :

Mesdames de V. et C. posaient chacune légèrement deux doigts sur le disque de corne muni d'une sorte de petit bec que l'on voit reproduit sur l'image. Au bout d'un instant, ce disque s'agitait sur le plateau, puis le bec s'arrêtait successivement sur des lettres. Mme de V. les nommait au fur et à mesure et M. de L. les transcrivait. Cette dictée se faisait sans aucune espèce de séparation des mots, ni de ponctuation, et cela si rapidement qu'il était impossible aussi bien à la personne qui appelait les lettres qu'à celle qui les inscrivait de saisir le sens des phrases.

La séance terminée, le disque s'arrêtait de lui-même. M. de L. relisait alors ou plutôt déchiffrait ce qu'il avait écrit, puis établissait la séparation des mots et faisait la ponctuation.

Ainsi fut dictée l'œuvre dans son entier. Une fois achevée, Maître Pierre demanda qu'on la lui relût. Il indiqua, toujours par le même procédé, un certain nombre de corrections.

Fidèles secrétaires, nous livrons donc aux méditations de ceux qui prendront la peine de les lire, ces entretiens posthumes que nous avons scrupuleusement et respectueusement reproduits sans y changer le moindre mot.

TABLE DES MATIÈRES

Introduction	1
Vie d'Abailard	17
Œuvre posthume d'Abailard	81
Chapitre premier. — La raison d'être de tout être humain par rapport à Dieu	81
Chapitre II. — Des dogmes, de leur influence pernicieuse sur l'esprit humain, des ravages qu'ils ont exercés en enrayant le progrès normal des civilisations, de la nécessité de revenir aux saines et grandes traditions pour s'approcher de la vérité.	105
Chapitre III. — La vie d'outre-tombe	130
Conclusion	245

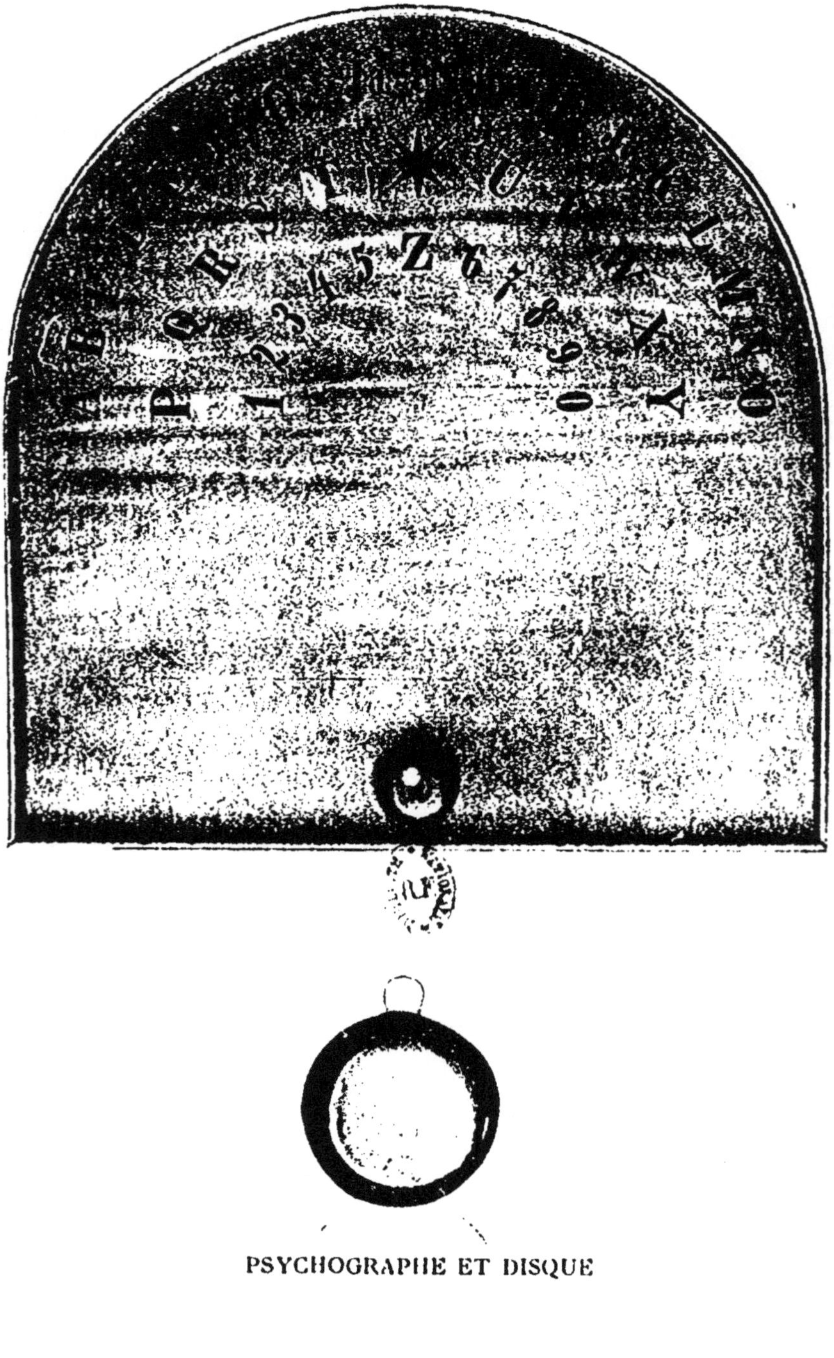

PSYCHOGRAPHE ET DISQUE

INTRODUCTION

J'ai pensé qu'il était utile de faire connaître, aux personnes qui liront cet ouvrage, dans quelles conditions il fut conçu et dicté.

Je m'occupais de spiritisme depuis deux ou trois ans, lorsque j'entrepris un voyage autour du monde. J'étais seulement une néophyte. Ayant eu le malheur de perdre un mari qui m'était cher, j'eus l'idée de me rapprocher de lui en étudiant la philosophie spirite.

J'allai trouver Mme Noeggerath, connue d'une de mes amies, et je lui demandai de me guider dans cette voie spiritualiste où je souhaitais m'engager.

La bonne et charmante grande initiée m'indiqua des livres à lire, me donna des adresses de médiums, me conta une foule de faits qui me bouleversaient et me semblaient plus incroyables les uns que les autres, car je songeais avec tristesse que tout cela était aussi difficile à croire et à admettre, que ma religion catholique dont les mystères répugnaient à ma raison.

« *Vous verrez* », me disait bonne Maman, « *et vous croirez. Notre philosophie est basée sur des preuves matérielles.* » Et, sans me décourager je visitai toutes les pythonisses de Paris.

Oh ! combien triste et désillusionnée j'étais de mes nombreux insuccès. Tout ce que je voyais me paraissait puéril et enfantin.

Seule, une séance avec Mme Rodière m'avait intéressée et avait jeté une lueur d'espoir sur mes recherches.

C'est à ce moment que je partis pour mon grand voyage.

Pas avant cependant, d'avoir vu un médium qui, par la table me dicta cette phrase :

« *Pars, ton grand voyage sera heureux, tu auras l'occasion d'être utile à trois médiums.* »

Or, mon voyage fut des plus ennuyeux, et je ne rencontrai aucun médium. Mais ce trajet de 65 jours sur mer me permit de parcourir tous les livres spirites indiqués par Mme Noeggerath, Je passais mon temps à lire et à méditer.

De retour à Paris, j'étais décidée à faire l'impossible pour trouver un médium vraiment sincère.

A cette époque entra chez moi, en qualité de femme de chambre, une fille jeune, 24 ans, très travailleuse, intelligente, mais sans aucune instruction. Le mot de philosophie, qu'elle entendait souvent répéter chez moi, lui était particulièrement désagréable — car, disait-elle, elle n'aimait pas à entendre de vilains mots.

Quant à lui faire expliquer sa pensée, c'était chose

impossible. Cette fille faisait son service avec assez de zèle et semblait m'être dévouée. Elle avait nom Annette. Ma maison réorganisée, je me mis à rechercher le médium de mes rêves.

Mme X. me fut indiquée. J'expliquai à cette personne qu'en Egypte, une dame finlandaise m'avait parlé d'une manière russe d'obtenir des communications.

Cette façon de procéder était plus rapide que la table. Un alphabet était imprimé sur une grande feuille de carton. On prenait une soucoupe renversée sur laquelle on traçait un trait d'encre, puis deux personnes posaient une main sur cette soucoupe, qui se mettait à remuer, à tourner...

Au fur et à mesure que le trait noir s'arrêtait devant une lettre, une troisième personne inscrivait les lettres appelées. Cela formait des phrases, mais il y fallait néanmoins une certaine patience.

Ce livre, du reste, sauf quelques modifications qui seront indiquées plus loin, a été écrit entièrement à l'aide du procédé en question.

J'ai toujours beaucoup aimé cette façon d'écrire, mais ce genre de médiumnité n'est pas très fréquent, et demande beaucoup de patience et d'exercice. Lorsqu'on a le bonheur de rencontrer une personne dont le fluide s'amalgame avec le vôtre, on arrive à une rapidité de dictée extraordinaire.

J'eus ce bonheur par hasard, lorsque je fus mise en rapport avec ma chère compagne et amie Blanche C. Les chers Disparus disent avoir provoqué eux-mêmes ce *rapprochement, mais je ferme cette longue parenthèse et en reviens à mon médium professionnel, la fameuse M*^{me} *X., laquelle ne voulait rien entendre au sujet de la soucoupe, et à qui je dus imposer ma volonté pour qu'elle en essayât tout au moins.*

Ce qu'elle préférait, c'étaient ces incarnations, dont le contrôle est presque impossible.

Un médium un peu retors se procure des journaux du XIXe *siècle, voire même des mémoires plus anciens, et vous narre imperturbablement un fait divers. Vous allez aux informations, vous êtes stupéfié: tout se trouve parfaitement exact.*

Conclusion: se méfier en général des incarnations. J'en excepte un médium anglais, M. Peters, qui a, devant moi, donné des preuves d'identité irréfutables.

Pendant seize mois, je reçus chaque semaine cette Mme *X. et telle était ma naïveté que tout ce temps elle put me tromper et se jouer de ma crédulité. Je veux cependant, pour atténuer un peu ce qu'on serait tenté d'appeler ma simplicité d'esprit, dévoiler un de ses procédés, qui était une vraie trouvaille.*

Lorsqu'elle était à bout de contes, d'histoires, de congratulations ou de réprimandes, car elle était éclectique, mon mari me conseillait, par son intermédiaire nécessairement, de partir, d'aller en voyage: l'Algérie, le Midi, le Nord, j'avais le choix.

Je me montrais d'une docilité parfaite, je traversais la mer, ou simplement je prenais le train; mais les cachets de la médium lui étaient régulièrement remis au retour.

Ces seize mois de crédulité constituaient sans doute un stage imposé à ma foi naissante; les amis de l'audelà l'ont trouvé suffisant, car mes yeux s'ouvrirent un jour, et je rompis avec Mme X.

Je m'étends peut-être un peu longuement sur cet apprentissage spirite, mais je voudrais que mon expérience ne fût pas une lanterne sourde, laquelle ne profite qu'à celui qui la porte; je fais des vœux pour que mes frères en croyance soient préservés du commerce mercantile des médiums : Quatre-vingt-dix-neuf fois sur cent il faut se méfier de la médiumnité lucrative.

Nous étions en 1897. J'étais spirite de cœur depuis près de quatre ans, et je n'avais encore obtenu qu'une ou deux phrases composées de quelques mots seulement.

Annette était à mon service depuis plusieurs mois. Elle semblait s'intéresser beaucoup au spiritisme, et parut navrée de ma déconvenue avec la médium. Elle trouvait souvent l'occasion de me parler de faits qui, disait-elle, étaient arrivés à sa mère; de craquements qui se produisaient dans sa chambre, surtout dans un fauteuil ayant appartenu particulièrement à mon mari.

Je faisais peu d'attention à tous ses racontars, supposant que son désir d'entendre des coups et des craquements lui faisait prendre le travail du bois pour des manifestations spirites. Je traversais du reste une crise de découragement et je désespérais de jamais arriver à être témoin d'expériences sérieuses.

Le mois de novembre étant très mauvais, je me décidai à partir pour Nice.

Presque tous les jours, aux environs de la Toussaint, nous avions été, Annette et moi, dans plusieurs cimetières. J'aime à prier près des tombes de mes chers disparus, connus et inconnus.

Voyant cette fille tellement intéressée aux choses spirites, je lui avais parlé médiumnité, écriture mécanique, matérialisation, etc. Je l'avais suggestionnée, dirait un savant. Peut-être aurait-il raison. Ce qu'il y a de certain, c'est que la veille du départ, rentrant vers cinq heures. Annette arriva au-devant de moi, tenant à la main une feuille de papier sur laquelle étaient griffonnés des caractères presque illisibles, tracés avec un crayon conté fusain, qui était depuis longtemps dans la lingerie. Annette, tout effrayée, me dit qu'ayant pris ce crayon sans savoir pourquoi, elle avait senti sa main remuer si fort qu'elle avait de suite saisi une feuille de papier, et avait fait toutes ces lettres; mais qu'elle croyait que cela ne signifiait rien car il lui était impossible de les lire.

Je pris le papier et je lus ceci : « Je suis un être de
« *l'au-delà qui vous aime ; je vous ai vue passer auprès*
« *de notre dernière demeure, quel bonheur pour nous.* »

Je dis à Annette de reprendre de suite le crayon afin d'essayer de continuer cette communication et je demandai :

« *Cher esprit, si vous êtes encore là, voulez-vous dire*
« *votre nom ?* »

R. — « *Je vous le dirai plus tard, je connais Edmond* »
(*un de nos esprits familiers*).

D. — « *Vous êtes un ami. Je suis découragée et triste,*
« *et sur le point, faute de preuves, de ne plus croire au*
« *spiritisme.* »

R. — « *Je veux être des vôtres pour vous protéger, je*
« *vous porte beaucoup d'affection. Vous souffrez, vous*
« *trouverez, chère Madame, le calme dans votre cœur;*
« *chère Madame, Dieu ne fait souffrir que les personnes*
« *qu'il aime.* »

(*J'ai lu cette même phrase, longtemps après cette
communication, dans la 2ᵉ lettre d'Abailard à Héloïse.*)
« *Soyez tranquille, on vous protège. Oui, que votre*
« *cœur se calme, sur tous vos ennuis nous vous pro-*
« *tégeons.* »

D. — « *Mais qui me dit que vous êtes un ami? Allan*
« *Kardec conseille de se méfier des esprits qui ne veulent*
« *pas dire leur nom.* »

R. — « *Ce ne sont pas toujours des ennemis.* — *Non,
je suis votre ami.* »

D. — « *Mais dites comment vous vous nommez.* »

R. — « *Non.* »

*Je donne textuellement la construction des phrases —
car depuis, l'Esprit m'expliqua combien il avait de peine
à parler avec le cerveau si primitif d'Annette.*

*J'étais très heureuse mais aussi très intriguée de cette
communication. Pendant tout le temps que mit Annette
à écrire, je lui parlai, essayant de détourner son attention. Elle qui écrivait difficilement une lettre, était in-*

capable d'écrire aussi vite sans regarder son papier. Elle avait aussi un grand sentiment de peur, que ma présence pouvait seule calmer.

A la suite de cet événement, il ne s'écoula point un jour sans que je lui fisse prendre le crayon, mais nous avons été quelque temps avant de recevoir un second message (je n'avais pas l'idée de les dater). Il était comme le premier: parlant de protection et ne contenant aucune signature.

Vers la sixième communication, cette phrase est tracée :

« *Je vous donnerai mon nom dans quelque temps.* »

A cette époque nous étions à Nice, et je formais le projet de pousser jusqu'en Algérie. J'étais heureuse de cette médiumnité venue à Annette, et bien intriguée du nom de l'ami inconnu.

Cette phrase : « près de notre dernière demeure » me faisait présumer que la tombe dont on me parlait renfermait plusieurs personnes, mais lesquelles ? Et dans quel cimetière ?

Le 26 décembre 1897 nous arrivions à Oran, après une magnifique traversée : Annette écrit le soir même :

« *Vous voyez que vos amis sont gentils. Je m'appelle*
« *Pierre.* »

C'était l'écriture de la première communication.

D. — « Mais, cher esprit, Pierre est un prénom qui ne
« m'apprend rien. »

Pas de réponse, le crayon reste immobile.

Le lendemain Annette écrit :

« *Je suis ton ami, Annette, du Père-Lachaize,* Pierre,
« *qui vous aime.* »

Nous cherchons quel peut être ce Pierre enterré au Père-Lachaize, et il nous est impossible d'arriver à une solution. »

Notre dernière visite au Père-Lachaize avait duré une heure et demie, nous étions passées devant bien des tombes.

Le 15 janvier, à Biskra, après une communication pleine d'affectueuses paroles, cette phrase est écrite :

« *J'attends avec plaisir votre aimable visite, je serai*
« *si heureux de vous voir près de nous.* »

D. — « *Cher esprit, vous désirez notre visite. Je suis*
« *toute disposée à vous la faire lors de mon retour à Pa-*
« *ris, mais comment trouver votre tombe avec le seul*
« *nom de Pierre pour toute indication ?* »

R. — « *Vous pouvez voir cela vous-même. Cher-*
« *chez et vous saurez mon nom. Priez pour nous.*
« *Pierre.* »

Étant à Biskra dans une grande solitude, frayant peu avec les habitants de l'hôtel, ma pensée constante était avec Pierre. Je le priais sans cesse de se nommer et j'éprouvais déjà, pour cet Esprit, une bien grande affection.

Le Royal Hôtel est bâti d'un style arabe modernisé. Les fenêtres des chambres ouvrent sur une large terrasse, où chaque matin, dans un demi-sommeil, j'entendais les pas cadencés des Anglaises, qui, probablement, s'entraînaient pour les excursions de l'après-midi.

Un jour, j'étais dans un état inconscient de rêve, ayant cependant la notion de l'endroit que j'habitais. Il était 8 heures. Les persiennes tamisaient insuffisamment la clarté du soleil.

Je fus soudain tirée de cette somnolence par une voix qui, très distinctement, prononça cette phrase à mon oreille :

« Pierre... mais je suis Abeilard. »

Je jetai un cri ; Annette survint effrayée, et je lui dis plusieurs fois sans m'arrêter : « Pierre, c'est Abailard. »

Cette fille m'a avoué depuis, qu'à ce moment elle me supposait atteinte de folie. Ce nom ne lui apprenant rien, elle était terrifiée de me voir dans un pareil état.

Je fus quelques instants avant de me remettre ; mais j'étais sûre d'avoir entendu une voix, et comme je ne connaissais pas le prénom d'Abailard, s'il était tel, je ne pouvais l'avoir rêvé. Je n'avais avec moi que le petit Larousse qui ne donne pas le prénom du philosophe.

C'est seulement un mois plus tard, en passant à Marseille, que je pus faire les recherches nécessaires. On ne m'avait pas trompée, Pierre était le prénom de mon grand ami.

A partir de ce moment, je lui vouai, ainsi qu'à Héloïse sa compagne, un culte tout particulier.

Pendant quatre ans j'allai souvent les prier au Père-Lachaize, et Annette écrivait de fréquentes communications.

Ces communications étaient très incomplètes. A de

grandes pensées faisaient suite des pensées enfantines; des phrases restaient inachevées ou se terminaient par une banalité. Des mots de vieux français ou de latin étaient souvent tracés, mots tout à fait inconnus d'Annette.

Mais il aurait été impossible de publier ces écrits. Ils n'étaient ni logiques, ni homogènes; et cependant, je les lisais sans cesse, demandant à mon cher Esprit qu'il essayât d'écrire avec Annette d'une manière plus satisfaisante. Sa réponse était toujours la même : « Priez, « priez Dieu de le permettre. »

Je me mis à lire tout ce qui se rapportait à mon Maître, — je lui donnais ce nom, — celui qu'il portait au XIIe *siècle : —* « Maître Pierre ». *Je lus sa philosophie, sa théologie, traduite par Rémusat, ses lettres (Gréhard), Essais historiques, par* Mme *Guizot.*

Depuis 1898, j'ai lu et relu ces ouvrages, je me suis identifiée à tout ce qui se rapporte à ce grand et cher Esprit.

Mes entretiens avec lui furent interrompus par le renvoi d'Annette.

Sa médiumnité, qui fut toujours rudimentaire, avait disparu; et je m'étais aperçue qu'elle voulait quand même toujours soutenir son personnage. Cela lui fut naturellement impossible, et elle se prit elle-même à ses propres filets.

Deux ans après m'avoir quittée, elle mourut à 29 ans. Elle est venue, quelque temps après sa mort, me demander pardon, se disant très malheureuse, étant avec les tricheurs, et que mes prières et mon pardon pouvaient seuls la soulager. J'ai agi suivant sa demande, et le Maître a promis de la faire sortir du trouble.

Elle avait été, nous a-t-il dit, dans une existence antérieure, sœur converse au Paraclet.

Pendant près de deux ans, je fus sans médium, priant Dieu sans cesse de me faire la grâce de le devenir et de me permettre de reprendre mes chères communications. Je fus exaucée. Grâce au médium anglais Peters, je fus mise en rapport, en janvier 1904, avec Mme *Blanche C., comme je l'ai dit plus haut.*

Le Maître est venu dès nos premiers essais. Mon bonheur fut grand, et je lui parlai du désir que j'avais depuis si longtemps d'écrire un livre sous sa dictée, un livre où pour la première fois seraient exposées ses doctrines, ses croyances, un livre où lui, le promoteur de la libre-pensée, nous dirait ce qu'il faut croire ou repousser, un livre enfin qui, à notre époque, ne risquerait plus d'être brûlé, comme le furent plusieurs des siens au XIIe *siècle. Il m'a répondu :* « Plus tard, on tâchera de te satisfaire. « Il est indispensable de t'assimiler complètement avec « ton amie, de manière à ne former de vos deux cer- « veaux qu'un seul esprit. Patience, cela viendra. » (28 juin 1904).

Puis, le cher Maître est venu souvent dicter des communications.

Fin d'un entretien du 5 juillet : « A bientôt Blanche, « dont le cerveau est si docile et le cœur si bon : je « t'aime un peu plus chaque jour. »

Le Maître, à presque toutes nos séances, nous donnait des conseils. Entre autres celui-ci : « Eprouvez l'Esprit
« qui s'annonce en lui demandant de jurer par le saint
« nom de Dieu qu'il est bien l'Esprit qu'il nomme. »

Et nous revenions toujours à notre demande : « Maître,
« dictez-nous un livre. Votre théologie est-elle bien re-
« produite par Rémusat ? »

R. — « Non. »

D. — « Maître, rectifiez-la. »

R. — « Attendez que ces chaleurs soient passées ; alors
« nous commencerons à travailler sérieusement. Je fais,
« mes chers amis, un travail préparatoire en adaptant vos
« cerveaux à l'œuvre plutôt abstraite, que je veux en-
« treprendre avec l'aide de l'Eternel : ce sera un monu-
« ment de ma vie passée, ce sera également pour les
« amis de la vérité une preuve flagrante de l'intervention
« de l'invisible, car quoique vous soyez très intelligentes,
« il se rencontrera dans cet ouvrage des articles trop trans-
« cendentaux pour avoir été conçus par un esprit fémi-
« nin, si évolué soit-il. »

Mme C. — « Le fait est, mon cher Maître, que le ro-
« man feuilleton n'est pas un entraînement à la philoso-
« phie. »

R. — « Ma bonne Blanche, cependant, si je ne trou-
« vais pas en toi les éléments nécessaires, je n'oserais ten-
« ter l'aventure ; je ne parle pas de Marie, qui est telle-
« ment imprégnée de son Maître Pierre, que, en ce qui la
« concerne, la besogne est déjà à moitié faite. Nous avons
« besoin d'un cerveau en bon état pour qu'il reçoive cor-

« rectement notre empreinte. Attends d'être revenue de
« ton voyage, Marie et Blanche seront reposées par
« deux mois de plein air. Alors nous travaillerons sérieu-
« sement. »

Mme C. — « Maître, nous serons, n'est-ce pas, de bons
« instruments entre vos mains ? »

R. — « De très bons instruments, oui, ma chère Blanche.
« Je trouve en toi ce qu'Annette n'avait pas, ce dont elle
« manquait totalement, c'est-à-dire des notions d'ortho-
« graphe et de français ; par-dessus le marché, tu formes
« avec ma chère Marie un tout parfaitement homogène
« qui me rend la besogne infiniment plus aisée. Courage,
« espoir, mes amies, nous réussirons, et ce livre, outre
« qu'il procurera à Marie une immense satisfaction,
« a une chose excellente même pour ceux qui n'éprou-
« vent pas encore le besoin de connaître les causes et
« les fins. »

D. — « Maître, toutes deux, nous ne pouvons faire
« l'appel des lettres et les écrire. Voulez-vous que notre
« ami, M. de L., écrive les lettres qui sont dictées ? Il a
« toujours assisté à nos séances depuis des années ; l'ad-
« mettez-vous près de nous ? »

R. — « Oui, vous êtes en harmonie avec Léon, vous
« formez une trinité. »

D. — « Maître, voudriez-vous prendre le mercredi
« pour les séances. Ce jour vous convient-il ? »

R. — « Va pour le mercredi. »

D. — « Quelle prière faut-il faire en commençant ?
Celle du Paraclet ? »

R. — « Si tu veux. »

D. — « Ou faites-en une pour la circonstance. »

R. — « Dieu tout-puissant, ô notre Père, éclaire-nous,
« assiste-nous, éloigne de nous les influences néfastes,
« protège les enfants en considération de l'œuvre qu'ils
« vont entreprendre, afin qu'elle puisse servir à la gloire.
« Amen. »

« En tête du volume, vous ferez un résumé très suc-
« cinct de ma vie sous le nom d'Abailard et de mes œuvres
« principales et vous appellerez notre travail : Entretiens
« posthumes du philosophe Pierre de Béranger ; Révéla-
tions spiritualistes. »

Suivant le désir du Maître je donne plus loin le résumé
de sa vie dont j'ai pris les éléments dans Rémusat et
M. et M*me* Guizot.

Monte Carlo, février 1905.

M. DE V.

SÉANCE DE DICTÉE

VIE D'ABAILARD

En 1079 naquit en Bretagne, au Palais, bourg situé à quatre lieues de Nantes, Pierre de Bérenger, de parents nobles. Il apporta en naissant des dispositions et de la facilité aux études, « naturelles, dit-il, à son pays et à sa famille ». Son père, avant d'endosser l'armure de chevalier, avait reçu quelque connaissance des lettres. Le goût lui en était resté ; il voulut que pour tous ses fils l'étude précédât les exercices militaires ; elle devint la passion d'Abailard et cette passion, échauffée par de brillants progrès, détermina l'emploi de sa vie. La plupart de ses biographes le représentent comme l'aîné de sa famille, et lui font sacrifier à l'amour des lettres les droits et l'héritage qui lui appartenaient en cette qualité. Mais la phrase des écrits d'Abailard sur laquelle se fonde cette opinion s'interprète plus naturellement en sens contraire, et semble indiquer simplement qu'il laissa à ses frères les honneurs de la chevalerie avec l'héritage et la prééminence à laquelle ils avaient droit comme aînés. Pour lui, renonçant, ce sont ses expressions, « à la cour de Mars, pour être nourri dans le sein de Minerve », il quitta à seize ans son pays natal, et parcourut diverses provinces, cherchant, partout où l'attirait la renommée des écoles, l'occasion d'apprendre et surtout de discuter. Il arriva enfin à Paris, âgé de vingt ans environ, fort de la confiance de la jeunesse, du sentiment de ses talents, des succès déjà obtenus, avide de réputation, ardent à l'attaque, aguerri à la dispute, ferme et subtil dans l'argumentation, disert, plein de verve et de facilité, rêvant toutes les gloires que pouvait lui offrir la carrière à laquelle il se destinait. Guillaume de Champeaux, le premier et le plus célèbre des dialecticiens du temps, dirigeait alors les écoles de Paris, en qualité d'archidiacre, quelques-uns disent d'écolâtre ou chef des écoles ; il professait lui-même, et enseignait la grammaire ou rhétorique, et, sous le nom de dialectique, tout ce qu'on savait alors de philosophie. Abailard, reçu au nombre de ses disciples, obtint la faveur du maître, flatté de l'honneur qu'un tel écolier devait attirer sur son école. On a même prétendu qu'il avait été fait commensal de la maison de Champeaux ; mais le seul passage d'Abailard d'où l'on pourrait inférer cette circonstance ne paraît pas concluant à cet égard. Quoi qu'il en soit, la bonne intelligence ne fut pas entre eux de longue durée. Abailard était d'un esprit ouvert, mais peu docile ; il cherchait dans l'étude non des opinions faites, mais la matière de ses propres opinions ; et le besoin de penser par lui-même, uni à l'ambition du succès, ne lui permettait guère d'écouter tranquillement ce qui lui semblait pouvoir être combattu. La philosophie de Champeaux n'était nullement inattaquable ; Abailard s'éleva plus d'une fois contre les assertions de son maître, et disputa non en disciple qui cherche à provoquer une plus complète explication, mais en adversaire qui veut vaincre. Il excita chez Guillaume une indignation et un effroi, chez quelques-uns de ses condisciples une défiance et une jalousie qu'il regarda toujours depuis comme la triste origine de tous ses malheurs. Mais alors, jeune, heureux, plein d'espoir, il parcourait les sciences et les questions en se jouant. Tout le champ de la connaissance humaine était ouvert devant lui comme le monde devant un conquérant.

On raconte cependant que, ne sachant encore rien au delà de ce qu'on apprenait dans le *trivium*, c'est-à-dire la rhétorique, la grammaire et la dialectique, il voulut s'instruire dans les arts plus secrets du *quadrivium*, où l'on enseignait l'arithmétique, la géométrie, l'astronomie et la musique ; car telle était restée la division encyclopédique de l'enseignement au xii° siècle. Il prit même des leçons d'un certain maître qui se nommait Terric, et qui se chargea de lui apprendre les mathématiques. On appelait ainsi une science fort suspecte où l'étude des propriétés des nombres et des figures, s'unissait à celle de leurs vertus symboliques et mystérieuses.

Pierre prenait ces leçons sans bruit ; déjà il ne lui convenait plus de paraître apprendre ; cependant il ne réussissait pas. Lui-même a reconnu qu'il n'a jamais pu savoir l'arithmétique. Ce genre de travail opposait à son esprit une difficulté inattendue, soit qu'il manquât d'une aptitude naturelle, chose douteuse, car la dialectique ressemble aux sciences du calcul ; soit que, déjà confiant et ambitieux, il ne donnât à ces nouvelles études que les restes d'une attention trop partagée ; soit enfin que son esprit déjà rempli de savoir et préoccupé de mille choses, ne fît qu'effleurer la surface de ces nouvelles connaissances. Son maître, à ce qu'il semble, en porta ce dernier jugement ; car le voyant un jour triste et comme indigné de ne pas pénétrer plus avant, il lui dit en riant : « Quand un chien est bien rempli, que peut-il faire de plus que de lécher le lard ? » Le mot d'une latinité dégénérée qui signifie *lécher*, composait, avec le dernier mot de la plaisanterie vulgaire du maître, un son qui ressemblait à *Baiolard* (*Bajolardus*). On en fit dans l'école de Terric le surnom de Pierre, et ce surnom qui rappelait un côté faible dans un homme à qui l'on n'en savait pas, fit fortune. L'étudiant en prit son parti, et, acceptant ce sobriquet d'école, dont il changea quelque peu le son et le sens, il se fit appeler Abailard (*Habelardus*), se vantant ainsi de posséder ce qu'on l'accusait de ne pouvoir prendre, et, s'il fallait en croire cette anecdote, c'est ce surnom d'origine puérile et familière qu'auraient immortalisé le génie, la passion et le malheur.

Lorsqu'il eut acquis toute sa gloire, lorsqu'il eut atteint le faîte de la science, l'origine vraie ou fausse de son nom fut oubliée, et l'on ne voulut y voir qu'un surnom emprunté au nom de l'abeille, comme si Abailard eût été l'abeille française, ainsi qu'autrefois un grand écrivain fut appelé l'abeille attique.

A vingt-deux ans, et encore sous la discipline de Champeaux, Abailard prétendit à l'honneur d'enseigner lui-même. Paris, où l'archidiacre dirigeait les études, lui était interdit; il entreprit de fonder une école à Melun, alors l'une des villes importantes de la France, et où la cour résidait une partie de l'année. Champeaux, averti de son dessein, essaya de le prévenir ou du moins d'obliger Abailard à s'établir plus loin; mais aidé de quelques ennemis puissants qu'avait Champeaux dans le pays, et peut-être à la cour, rendu plus intéressant par la jalousie qui l'attachait à le poursuivre, Abailard l'emporta, et, dès les premiers temps, il effaça par sa renommée celle, dit-il, « qu'avaient acquise peu à peu les maîtres de l'art ». Le témoignage qu'il se rend a été confirmé par les faits ; et lorsque Abailard écrivait ces mots, il était assez célèbre et assez malheureux pour avoir le droit de parler ainsi de lui-même. Pressé de rendre son triomphe plus éclatant, il transporta son école à Corbeil, afin de pouvoir de plus près harceler plus souvent de ses arguments l'école de Paris. Cependant, bientôt vaincu par les excès du travail et de la fatigue, il tomba malade, et fut obligé d'aller en Bretagne respirer l'air natal, laissant dans l'affliction tous ceux qu'animait le désir des études philosophiques.

Sa santé ne se rétablit qu'au bout de plusieurs années. Quand il revint à Paris, Guillaume de Champeaux avait quitté ses fonctions d'archidiacre pour se faire moine à Saint-Victor. Le cloître offrait également aux uns les austérités de la pénitence, aux autres les espérances de l'ambition. Ce n'était pas le repos qu'on demandait alors à la vie monastique : pénitents ou réformateurs, tous y apportaient d'énergiques besoins d'activité ; et, soit qu'ils exerçassent sur les autres ou sur eux-mêmes l'ardeur religieuse qui les y avait conduits, ils étonnaient le monde par l'austérité de leur vie ou les miracles de leur influence. Vénérés des peuples, honorés des princes, chers à la cour de Rome, ils se trouvaient naturellement désignés pour les hautes fonctions ecclésiastiques. La plupart des papes, à cette époque, et un grand nombre d'évêques, ont été tirés des monastères, et la science, sans récompense pour les laïques, sans attrait pour le clergé séculier, devenait pour le clergé régulier la route à peu près assurée des honneurs et de la fortune. Champeaux l'éprouva peu de temps après ; et les avantages qu'il tira de sa retraite dans ce cloître donnent quelque poids aux insinuations de son adversaire sur les motifs d'ambition qui l'y avaient poussé. Du moins est-il sûr qu'il n'y chercha pas le silence et l'oubli. Quoique l'humilité de son nouvel état ne lui eût pas permis de conserver les fonctions de chef des écoles, Champeaux continua à enseigner publiquement, et Abailard nous apprend, sans s'expliquer davantage sur ce fait assez singulier, que, revenu à Paris, il retrouva vers son ancien maître, et suivit ses leçons de rhétorique. Nous voyons aussi que dans le même temps, il eut une école à Paris, et nous pouvons supposer que pour s'y maintenir il crut nécessaire de se couvrir de la qualité de disciple de Champeaux, qui, bien qu'il n'eût plus d'autorité directe, conservait à Paris une grande influence sur l'enseignement.

Au milieu de cette belliqueuse activité, Abailard fut rappelé en Bretagne par sa mère. Son père, Bérenger, venait de se retirer dans un cloître, Lucie se disposait à en faire autant, et voulait, à ce qu'il semble, avoir son fils pour témoin de ses adieux au monde. Il se rendit aux vœux de cette « mère chérie » et pendant qu'il était en Bretagne, Guillaume de Champeaux fut, en 1113, nommé évêque de Châlons. Il paraît qu'alors, voyant devant lui la carrière plus libre et plus facile, Abailard voulut se mettre en état d'y avancer d'une manière plus utile et non moins glorieuse, et d'aspirer à son tour aux dignités ecclésiastiques. Il nous apprend du moins que la promotion de Guillaume le détermina à se rendre à Laon pour y étudier la théologie sous Anselme, écolâtre de cette ville. Cet Anselme, déjà vieux, et qu'il ne faut pas confondre avec l'archevêque de Cantorbéry, enseignait à Laon depuis beaucoup d'années avec une autorité et une réputation qui ne purent en imposer longtemps à Abailard sur un certain talent de parole vide de pensée et soutenu seulement par l'habitude. Inhabile à la lutte, Anselme devenait inutile à Abailard, qui ne parut plus que rarement à ses leçons.

La négligence des hommes supérieurs est facilement taxée de mépris ; on a peine à leur pardonner de ne pas payer en reconnaissance l'estime qu'on se sent forcé d'avoir pour eux. Personne, d'ailleurs, n'était moins propre qu'Abailard à rassurer les amours-propres inquiets. Les principaux disciples d'Anselme furent blessés de son peu d'empressement à profiter des leçons de leur maître; et cherchant, selon toute apparence, à le compromettre par quelque parole imprudente, un d'eux lui demanda un jour ce qu'il pensait de l'enseignement des livres sacrés, lui qui n'avait jamais étudié que les sciences physiques, nom sous lequel, à ce qu'il paraît, on confondait alors toutes les études étrangères à la théologie. Abailard, en reconnaissant l'utilité d'une pareille étude en ce qui touche le salut, s'étonna que des hommes instruits crussent avoir besoin, pour comprendre les écrivains sacrés, d'autre chose que de leurs écrits mêmes, accompagnés de la glose, et il soutint qu'aucun autre enseignement n'était nécessaire. A cette assertion, un rire d'ironie se fait entendre parmi les assistants ; on demande à Abailard s'il se croit capable de prouver ce qu'il avance, et s'il osera l'entreprendre ; il se déclare prêt à en faire l'épreuve. Alors, d'un ton toujours plus railleur, ses camarades acceptent la proposition, choisissent comme une des plus obscures la prophétie d'Ezéchiel, et Abailard s'engage à en commencer le lendemain l'explication. Quelques-uns lui conseillent de prendre plus de temps pour méditer sur un sujet si nouveau pour lui. Indigné, il répond qu'il a coutume de réussir à force, non pas de temps, mais d'intelligence, et qu'on l'entendra le lendemain.

Peu se rendirent à l'appel ; une telle entreprise leur semblait si ridicule et si téméraire que leur curiosité même était à peine excitée : cependant le succès fut complet. On demanda une seconde, puis une troisième séance, où les éloges de ceux qui avaient assisté à la première attirèrent successivement un grand nombre de nouveaux auditeurs, tous empressés à se procurer des copies de ce qu'ils n'avaient pas entendu.

L'école d'Anselme prit l'alarme ; ses deux premiers disciples, Albéric de Reims et Lothulphe de Notavre, excitèrent l'inquiétude ou la jalousie du vieillard ; et sous prétexte qu'Abailard, neuf en pareille matière, pourrait tomber dans quelque erreur qui serait alors naturellement attribuée à son maître, il reçut défense de continuer à expliquer les livres saints dans les lieux soumis à la discipline d'Anselme. Cette interdiction, inouïe jusqu'alors, excita une vive rumeur parmi les étudiants. Abailard en était encore à ce point où l'oppression grandit les hommes qu'elle doit finir par étouffer.

Revenu à Paris avec de nouveaux titres, il fut mis enfin en possession de la chaire si longtemps désirée, et revêtu en même temps d'un canonicat, il se vit à la fois sur la route de la fortune et en liberté de poursuivre la gloire. Il continua l'explication d'Ezéchiel avec le même succès, et le témoignage de ses contemporains ne laisse aucun doute sur l'éclat qui vint alors s'attacher à son nom. Foulques, prieur de

Deuil, dans une lettre adressée à Abailard lui-même, s'exprime ainsi sur cette époque de sa vie : « Rome t'envoyait ses enfants à instruire ; et celle qu'on avait entendue enseigner toutes les sciences montrait, en te passant ses disciples, que ton savoir était encore supérieur au sien.

« Ni la distance, ni la hauteur des montagnes, ni la profondeur des vallées, ni la difficulté des chemins parsemés de dangers et de brigands, ne pouvaient retenir ceux qui s'empressaient vers toi. La jeunesse anglaise ne se laissait effrayer ni par la mer placée entre elle et toi, ni par la terreur des tempêtes, et à ton nom seul, méprisant les périls, elle se précipitait en foule. La Bretagne reculée t'envoyait ses habitants pour les instruire ; ceux de l'Anjou venaient te soumettre leur férocité adoucie ; le Poitou, la Gascogne, l'Ibérie, la Normandie, la Flandre, les Teutons, les Suédois, ardents à te célébrer, vantaient et proclamaient sans relâche ton génie. Et je ne dis rien des habitants de la ville de Paris et des parties de la France les plus éloignées comme les plus rapprochées, tous avides de recevoir tes leçons, comme si près de toi seul, ils eussent pu trouver l'enseignement. »

De cette célèbre école sont sortis un pape (Célestin II), dix-neuf cardinaux, plus de cinquante évêques ou archevêques de France, d'Angleterre et d'Allemagne, et un bien plus grand nombre encore de ces hommes auxquels eurent souvent affaire les papes, les évêques et les cardinaux, comme Armand de Brescia et beaucoup d'autres. On a fait monter à plus de cinq mille le nombre des disciples qui se réunirent alors autour d'Abailard.

On ne peut douter qu'Abailard n'ait été la plus grande gloire littéraire de son siècle.

Si l'on veut rechercher la nature et la forme des discussions philosophiques où se précipitait avec tant d'ardeur tout ce que l'Europe contenait d'hommes épris des charmes de la science, ce qu'on découvre se réduit à des combats de mots, d'où le vainqueur remportait pour tout trophée quelque subtile distinction qui devenait l'étendard d'un parti. On voit les plus hautes questions de la destinée humaine changées, pour ainsi dire, en discussions grammaticales, et toute la force de l'argumentation employée à déterminer le sens d'un adjectif ou d'un verbe. Les symboles de foi, adoptés et soutenus par l'Eglise avec une rigueur jalouse, opposaient de tous côtés à la pensée des bornes insurmontables. Rejeter une expression consacrée eut été un crime, l'expliquer était délicat et pouvait devenir dangereux, à moins que, faisant son chemin avec précaution à travers les divers articles de foi, qu'il ne fallait pas risquer de froisser en passant, l'explication ne ramenât justement au point d'où l'on était parti, c'est-à-dire au sens reconnu par l'Eglise. De là une prodigieuse subtilité d'interprétation pour échapper à l'hérésie, redoutée presque autant comme péché que comme danger, une singulière force d'esprit employée à choisir, étendre, assouplir le sens des expressions obligées, enfin cette tyrannie des mots à laquelle succombent les esprits même qui travaillent le plus énergiquement à s'en délivrer. Les écrits d'Abailard, la base la plus certaine d'après laquelle on puisse se faire une idée de ses discours, ne démentent pas l'opinion probable que, pour s'élever au-dessus de ses contemporains, il dut l'emporter sur eux en subtilité comme en toute autre chose. Aussi faut-il une certaine attention pour démêler toujours dans ses ouvrages la marche propre de son esprit, naturellement ferme, droit, tendant au vrai, mais perpétuellement détourné ou arrêté dans sa route par de minutieuses arguties, auxquelles l'entraînent les habitudes des esprits avec lesquels il a à débattre la vérité. On est émerveillé des arguments auxquels il est obligé de répondre et des objections auxquelles il attache de l'importance. C'est ainsi qu'il avance entre les épines, occupé à déblayer plus qu'à édifier, fort de la pente naturelle qui l'entraîne vers la vérité, et ouvrant la route à tous ceux qui, sur ses pas, veulent marcher en avant, à ceux même qui voudraient aller plus loin ; car ce qu'Abailard a enseigné de plus nouveau pour son temps, c'est la liberté, le droit de consulter et d'écouter la raison ; et ce droit, il l'a établi par ses exemples encore plus que par ses leçons. Novateur presque involontaire, il a des méthodes plus hardies que ses doctrines, et des principes dont la portée dépasse de beaucoup les conséquences où il arrive. Aussi ne faut-il pas chercher son influence dans les vérités qu'il a établies, mais dans l'élan qu'il a imprimé. S'il n'a attaché son nom à aucune de ces idées puissantes qui agissent à travers les siècles, du moins il a mis dans les esprits cette impulsion qui se perpétue de génération en génération. C'était tout ce que demandait, tout ce que pouvait comporter son siècle, époque de mouvement, non de fondation, où semblait régner encore cette activité de l'enfance qui cherche à s'exercer plutôt qu'à s'appliquer. La mission d'Abailard fut d'étendre ce mouvement, d'échauffer, de diriger cette activité.

Abailard était arrivé, selon quelques-uns, à trente-huit ans, mais plus probablement à trente-quatre ou trente-cinq, sans que les faiblesses de l'amour fussent venues se mêler à la sévérité de ses occupations. L'agitation de sa fortune, et cette avide impatience de renommée que ses premiers succès devaient plutôt exciter que satisfaire, avaient jusqu'alors absorbé l'ardeur de son âge et de son imagination. L'élévation de ses penchants lui inspirait, ainsi qu'il nous l'apprend lui-même, une grande aversion pour les commerces honteux et les plaisirs faciles, en même temps que ses travaux lui interdisaient ceux qu'il aurait fallu poursuivre avec plus de temps et de soin dans la société des nobles femmes. Il n'avait donc jamais songé à chercher les succès que lui pouvaient promettre sa figure, les agréments de son esprit, le talent de la poésie, qu'il joignait, dit-on, au mérite philosophique, une belle voix pour accompagner ses vers et une grâce infinie à les chanter. L'âme passionnée d'Héloïse se plaisait encore, après de longues douleurs, à retracer le tableau des agréments qui avaient charmé sa jeunesse. D'autres témoignages encore que le sien nous ont appris que les femmes du temps d'Abailard avaient senti l'importance de son mérite et y avaient été sensibles. Lorsque l'éminence de sa situation eut attiré sur lui les regards du public, elles se passionnèrent pour un homme célèbre en qui elles trouvaient un homme aimable. Il se vit, nous dit-il, maître de choisir entre elles sans crainte d'éprouver un refus ; mais il n'en chercha qu'une seule, et pour aimer, il attendait Héloïse.

Héloïse était la nièce d'un chanoine de Paris nommé Fulbert ; quelques-uns disent sa fille naturelle. D'autres la donnent pour fille naturelle d'un prêtre nommé Lyon ; d'autres pour alliée des Montmorency ; peu importe. A peine âgée de dix-huit ans, elle possédait, autant qu'on en peut juger par les expressions de son amant, ce qu'il faut d'agrément pour donner de la grâce au mérite d'une femme, et, malgré sa jeunesse, ce mérite était déjà célèbre. Ce que nous connaissons d'Héloïse ne peut laisser d'incertitude sur l'étendue de son esprit, l'élévation de son âme, la force de son caractère, la chaleur de son imagination, son talent d'écrire, son goût pour la science telle qu'on la connaissait alors. Elevée chez les religieuses d'Argenteuil, elle y avait appris les langues savantes, dont la connaissance était alors recommandée aux couvents de filles, comme nécessaire à l'intelligence des prières de l'Eglise et des livres saints; les poètes et les philosophes anciens lui étaient aussi familiers. Sa passion pour les lettres avait rendu son cœur sensible à une grande gloire littéraire et préparait d'avance le succès d'Abailard. Animé par l'amour et l'espérance, il voulut plaire enfin et y parvint sans peine. Un commerce de lettres d'art dont la science fut peut-être le prétexte, mais non pas le sujet, permit les aveux que n'aurait osé prononcer la bouche; et, toujours, plus amoureux, Abailard chercha les moyens d'amener les occasions plus fréquentes et les relations plus familières sur lesquelles il fondait l'espoir de son triomphe.

Fulbert, orgueilleux de la supériorité de sa nièce, croyait ne pouvoir faire assez pour donner à ses talents tout le développement dont ils étaient susceptibles ; et dans ce respect passionné pour la science qui réduit quelquefois les esprits simples comme paraît l'avoir été celui du chanoine, il poussait sans relâche Héloïse à l'étude et ne négligeait pour elle aucune occasion d'apprendre. Abailard, par l'intermédiaire de quelques amis, fit proposer à Fulbert de le prendre en pension chez lui au prix qu'il voudrait. L'embarras des soins du ménage, incompatible avec les études philosophiques, la trop grande dépense qui en résultait pour lui, la commodité que lui offrait la maison de Fulbert, située près des écoles, tels furent les motifs apparents de la demande d'Abailard. Fulbert en eut deux pour accéder avec empressement à la proposition : l'avantage pécuniaire qu'il comptait trouver dans ses conventions avec ce philosophe riche et insouciant, et surtout la joie inespérée de voir Héloïse approcher de la source de toute science, et l'espérance qu'il en rejaillirait sur elle quelques gouttes. Sans laisser à Abailard le temps de former un désir à cet égard, il le supplia avec ardeur de donner à sa nièce les moments dont il pourrait disposer, soit à son retour des écoles, ou à toute autre heure du jour et même de la nuit, lui remettant sur elle une entière autorité, jusqu'à le prier d'user de contrainte, s'il était nécessaire, et de punir sa négligence ou sa mauvaise volonté. Abailard lui-même s'étonna de l'excès d'aveuglement qui allait ainsi au delà de ses vœux ; mais trompé par les idées qui le préoccupaient, par la gravité des mœurs d'Abailard, par la distance où le plaçait, d'Héloïse, la hauteur de sa réputation, Fulbert ne vit en lui qu'un savant docteur, dans sa nièce qu'une enfant, et il ne supposa pas entre eux d'autres relations possibles que celles du maître et de l'écolière.

Plusieurs mois se passèrent sans que rien vînt, je ne dis pas troubler, mais réveiller ces deux âmes engourdies dans une sorte de sommeil magique. Tout amour du travail, toute passion même de la gloire étaient éteints dans le cœur d'Abailard ; incapable d'étude, il se rendait avec répugnance aux écoles, et impatient d'en sortir, il y répétait languissamment d'anciennes leçons que son esprit énervé n'avait plus même la force de rajeunir. Ses disciples virent avec consternation la chute de leur maître, et le deuil se répandit dans toute la nation philosophique, le public ne pouvait être longtemps discret : ce qui faisait l'entretien de tous arriva enfin aux oreilles de Fulbert. Sa douleur et son indignation égalèrent la confiance où il avait vécu jusqu'alors ; Abailard sortit de chez lui confus, accablé de remords, déchiré d'une si cruelle séparation, mais indifférent à ses propres maux, pour ne sentir que le malheur d'Héloïse qui, de son côté, ne paraissait souffrir que de l'humiliation et de la rougeur qui couvraient le front de son amant. Tel est le récit que nous fait Abailard, récit touchant et naturel malgré la recherche des formes.

Ils se quittèrent plus unis, plus passionnés que jamais, et peu de temps après, Héloïse, s'apercevant qu'elle était grosse, en instruisit Abailard avec transport et orgueil. Choisissant alors une nuit où Fulbert se trouvait absent, il l'enleva déguisée en religieuse, et la conduisit en Bretagne chez sa sœur, connue seulement sous le nom de Denise. Là elle accoucha d'un fils qui fut nommé Astrolabe ou Astralabe.

Fulbert furieux, prêt à se porter à toutes sortes de violences contre l'auteur de son affront, était cependant retenu par sa tendresse pour Héloïse. Il pouvait craindre que, dans le pays d'Abailard, au milieu des siens, elle ne devînt à son tour la victime de leur vengeance. Abailard n'en crut pas moins devoir prendre des précautions contre les efforts que Fulbert aurait pu tenter pour s'emparer de sa personne. Un tel état de choses ne pouvait durer, et pourtant il ne se présentait, pour le faire cesser, qu'un moyen extrême, le mariage, dégradation inouïe pour un clerc, un chanoine, un philosophe brillant de toutes les gloires théologiques, en route pour arriver aux plus hautes dignités de l'Eglise. Abailard se détermina cependant à faire cesser les maux qu'il avait causés, à se délivrer lui-même des remords que lui faisait éprouver la trahison dont il s'était rendu coupable, et, s'excusant sur la force de l'amour « et les exemples de tant de grands hommes dont, à partir des premiers jours du monde, les femmes ont causé la ruine », il alla trouver Fulbert, implora son pardon et lui proposa — ce que celui-ci n'aurait pu se permettre d'espérer — « d'épouser Héloïse, à cette seule condition que, pour sauver d'un tel scandale la réputation d'Abailard, le mariage demeurerait secret (1) ». Fulbert consentit à tout ; Abailard reçut de lui et des siens des assurances de paix et de parfaite réconciliation que confirmèrent des embrassements mutuels.

Abailard se rendit en Bretagne pour en ramener Héloïse et accomplir sa promesse de l'épouser. Consternée à la nouvelle qu'il lui en apporta, Héloïse s'opposa de toutes ses forces à un pareil sacrifice ; sacrifice inutile, disait-elle ; car son oncle n'avait point pardonné et ne pardonnerait point. « Quel honneur d'ailleurs pouvait-il lui revenir de ce qui ternissait la gloire d'Abailard ? De quel crime n'allait-elle pas se rendre coupable envers le monde entier en lui enlevant une belle lumière ? Quelles ne seraient pas les malédictions, les larmes des philosophes ? » Passant

(1) Gervaise observe qu'en ce temps-là il n'était pas besoin d'autant de cérémonies qu'aujourd'hui pour la validité d'un mariage catholique : le concile de Trente et les ordonnances des princes n'avaient pas encore imposé les lois et les formalités auxquelles on a été, plus tard, obligé de se soumettre.

de là aux embarras du mariage, elle appelait à l'appui de son opinion celle des Pères et des philosophes qui tous l'ont déclaré contraire sinon à la pureté des mœurs, du moins à l'étude de la sagesse et à la vie philosophique.

On pourrait croire à ce langage que, revenue de ses égarements, Héloïse plaçait désormais leur gloire à tous deux dans le renoncement aux plaisirs qui leur avaient été si chers ; il n'en était rien ; la publicité de leur mariage, les commodités de la cohabitation, c'était là qu'elle voyait l'indécence et le scandale ; et plus heureuse, disait-elle, plus honorée du nom de maîtresse d'Abailard que du nom de son épouse, plus charmée et plus fière de devoir sa constance à son amour que de le tenir enchaîné par les liens du mariage, elle le conjurait de ménager leurs plaisirs que des séparations momentanées rendraient d'autant plus doux qu'ils seraient plus rares.

C'est ainsi qu'Abailard nous a transmis les discours par lesquels Héloïse tâchait d'ébranler sa résolution ; et, malgré la forme oratoire que leur a donnée son récit, Héloïse, dans ses lettres, les reconnaît pour siens, le remercie d'avoir daigné se les rappeler, lui reprochant toutefois d'omettre quelques-unes des raisons de son éloignement pour ce mariage, et celles sans doute qu'elle lui permettait le moins d'oublier.

Les poètes, comme Héloïse, et le public, comme les

poëtes, ont donné plus d'attention aux motifs personnels d'Héloïse qu'à ceux qu'elle tire de la situation d'Abailard et des idées de son temps; mais c'est à ceux-ci que s'attache l'importance historique. Plus d'une femme passionnée a pu éprouver ou se croire les sentiments d'Héloïse; ses arguments n'appartiennent qu'à son siècle.

Abailard, en les rapportant, en reconnaît la solidité et s'étonne de l'étrange folie qui l'empêcha de s'y rendre. Enfin, ne pouvant rien obtenir, et incapable de soutenir la colère de celui qu'elle aimait, Héloïse cé.. avec des torrents de larmes; et, ne voyant plus d'autre bien que de se perdre du moins tous deux ensemble, ils revinrent secrètement à Paris, laissant leur fils chez Denise; et moins d'une semaine après leur arrivée, ayant passé une partie de la nuit en prières dans une église, ils s'y marièrent de très grand matin en présence d'un petit nombre d'amis. Puis ils se séparèrent, et ne se virent plus que rarement, avec le plus grand mystère et autant de précautions qu'il leur fut possible.

Cependant Fulbert et ses familiers, regardant cette réparation cachée comme à peu près nulle pour son honneur, commencèrent à divulguer le mariage. Mais Héloïse démentait avec tant de fermeté les bruits qu'ils s'appliquaient à répandre, qu'elle se vit exposée à la colère et aux mauvais traitements de son oncle.

Abailard, pour l'y soustraire, la conduisit au couvent des religieuses d'Argenteuil, dont il lui fit prendre l'habit, à l'exception du voile. Fulbert et ses parents, persuadés alors que le projet d'Abailard était d'obliger Héloïse à se faire religieuse et de se délivrer ainsi des liens de son mariage, crurent n'avoir plus rien à ménager. On sait quelle fut leur vengeance.

Abailard n'avait pu mourir. Il lui fallait recommencer sa triste vie. Un seul parti lui restait que lui dictait la honte plus que la piété ; c'était d'entrer dans un cloître. Il s'y décida ; mais il ne voulait pas être seul à mourir au monde ; il fallait qu'Héloïse n'eût appartenu qu'à lui. Il exigea qu'elle prononçât ses vœux avant qu'il eût prononcé les siens. Sur son ordre, Héloïse, qui n'avait pas quitté sa retraite, y prit d'abord le voile de novice, et le monastère se ferma sur elle. Tous deux enfin, ils revêtirent irrévocablement l'habit religieux, elle dans le couvent d'Argenteuil, lui dans l'abbaye de Saint-Denis (1119).

Pour elle, au dernier moment, comme ses amis l'entouraient en pleurant et cherchaient encore à la détourner de se soumettre, à moins de vingt ans, au joug insupportable de la vie monastique, elle répondit par une citation toute classique qui prouve à la fois combien l'érudition et la passion, mêlées l'une à l'autre dans son âme, y effaçaient le sentiment religieux. Elle prononça tout à coup, d'une voix entrecoupée de sanglots et de larmes, cette plainte que Lucain prête à Cornélie, lorsqu'après Pharsale elle revoit Pompée dont elle croit avoir causé la perte :

« O grand homme, ô mon époux, toi dont mon lit
« n'était pas digne, voilà donc le droit qu'avait la for-
« tune sur une si noble tête ! Pourquoi, par quelle im-
« piété t'ai-je épousé, si je devais te rendre misérable ?
« Accepte aujourd'hui la peine que je subis, mais que
« je subis volontairement. »

Et; montant à l'autel d'un pas pressé, elle y prit le voile noir, bénit par l'évêque de Paris, et s'enchaîna solennellement à la profession religieuse. Triste victime, obéissante et non résignée, elle se sacrifiait encore à la volonté et au repos de celui qu'à regret elle avait accepté pour époux, et qu'elle abandonnait en frémissant, pour se donner à l'époux divin, sans foi, sans amour et sans espérance.

Voilà donc Abailard religieux à Saint-Denis. Le présent et l'avenir, tout est changé pour lui. Il a renoncé à la fortune, à l'éclat, à la gloire du monde, et il se tourne, mais avec peu de goût et de ferveur, vers la solitude chrétienne. Dans les premiers moments, son cœur n'était rempli que de regrets et de ressentiments. Il ne méditait que la vengeance. Il reprochait l'impunité de Fulbert à la faiblesse de l'évêque, aux machinations des chanoines ; il les accusait tous de complicité, et voulait aller à Rome les dénoncer

comme coupables envers la justice. Il fallut les efforts
de ses amis pour l'en dissuader. Un d'eux (on lui
donne du moins ce titre), Foulque, prieur de Deuil,
fut obligé d'insister auprès de lui sur sa pauvreté qui
ne lui permettait pas d'accomplir un si long voyage,
ni de satisfaire aux dépenses que coûtait la justice ou
la cupidité romaine, sur l'imprudence qu'il y aurait
de s'aliéner pour jamais les chefs du clergé parisien,
sur les sentiments d'équité et de charité que lui com-
mandait sa nouvelle profession. Enfin, il lui répéta
cette triste parole : « Vous êtes moine. »

Il était moine en effet, et la nécessité, sinon le devoir, lui prescrivait de vivre suivant son état. Une première ressource s'offrait à lui, c'était l'étude; mais
d'abord l'étude lui sembla sans attrait ; elle n'apportait plus la gloire avec elle. Toutefois des clercs venaient le voir, et l'abbé de Saint-Denis, Adam, se joignait à eux pour lui dire que le moment peut-être était
arrivé de se consacrer plus que jamais au travail, et
surtout aux recherches théologiques. Ils lui répé-
taient que maintenant l'amour du ciel lui pouvait inspirer ce que jadis peut-être lui avait suggéré le désir
de la réputation et de la fortune ; que son devoir était
de faire valoir le talent que, selon la parabole évangé-
lique, le Seigneur lui avait remis, comme à son servi-
teur, et qu'il réclamerait un jour avec usure. Ils ajou-
taient que si, jusqu'ici, il avait instruit les riches, il

lui restait à éclairer les pauvres ; que le ciel, en le frappant, lui avait ouvert du moins l'asile de la paix de l'âme, de la liberté d'esprit, de la tranquillité studieuse ; et que le philosophe du monde pouvait devenir aujourd'hui le philosophe de Dieu.

Abélard hésitait à suivre ces conseils ; il lui en coûtait de reparaître aux yeux des hommes. Mais il ne trouvait pas, dans l'abbaye de Saint-Denis, le repos qu'il espérait. Il l'avait choisie comme la première du royaume. On y avait reçu avec empressement un homme qui devait illustrer la communauté. On y attendait de lui de l'éclat et du bruit ; il y cherchait le silence, la règle, l'oubli. Le premier mouvement de son désespoir avait dû être le renoncement absolu au monde. Or, l'antique fondation de Dagobert, agrandie et enrichie par la munificence de la longue suite de rois, ses successeurs, cette maison toute royale, une des institutions de la monarchie, monastère, disait Bernard, plus dévoué à César qu'à Dieu, n'était nullement étrangère aux choses mondaines et tenait au siècle par de nombreux liens.

Irritable et attristé, Abailard y trouvait la vie peu régulière, les mœurs relâchées. Il accusait l'abbé Adam lui-même de désordres qu'aggravait sa dignité. Habitué au ton du commandement, prompt à tout régenter autour de lui, il s'éleva contre les déréglements dont il était témoin, et ses reproches, qui n'étaient pas toujours discrets, le rendirent bientôt à charge à tout le monde. Ses frères importunés saisirent avec empressement les instances de ses disciples comme une occasion de l'éloigner, et le pressèrent d'y céder en reprenant ses leçons. Il résista longtemps; il répugnait à revoir le grand jour. Cependant, amis, ennemis, écoliers, religieux, l'abbé lui-même insistaient, et entrant alors dans cette vie de mobilité et de tentatives changeantes que son âme inquiète allait prolonger, il s'établit dans le prieuré de Maisoncelle, situé sur les terres du comte de Champagne, pour y rouvrir son école à la manière accoutumée (1120).

Les amis de la science accoururent comme de coutume à ses leçons : « Les logements, dit-il, ne suffisaient pas pour les contenir, le pays pour les nourrir. » Les autres écoles devenaient désertes, et la haine ranimée trouva dans les nouvelles obligations auxquelles Abailard s'était soumis, de nouveaux moyens d'attaque.

On lui reprocha en même temps, comme moine, l'enseignement profane, et l'enseignement théologique comme s'y étant immiscé de lui-même, sans l'attache ou l'autorisation d'un docteur en théologie, formalité, à ce qu'il paraît, nécessaire alors.

Guillaume de Champeaux et Anselme, l'écolâtre de Laon, étaient morts; mais Albéric et Lotulphe, disciples de l'écolâtre et anciens rivaux d'Abailard, prétendaient dominer les écoles comme l'avaient fait ces deux maîtres. Le temps ne leur était plus favorable ; ils s'adressèrent au clergé et tâchèrent d'éveiller sa sollicitude sur des méthodes et des doctrines dont le public commençait à se faire juge indépendamment des autorités officiellement chargées de diriger ses opinions. Ce petit public dont s'entourait Abailard n'était pas plus que lui disposé au scepticisme ; pleins de foi, au contraire, dans la religion et dans la raison, le maître et ses disciples croyaient fermement pouvoir arriver, par la force de l'intelligence, à la démonstration de vérités qu'ils n'imaginaient pas qu'on pût révoquer en doute. Animés de cette double confiance, les élèves d'Abailard avaient désiré, nous dit-il, « des arguments philosophiques et propres à satisfaire la raison, le suppliant de les instruire, non à répéter ce qu'il leur apprenait, mais à le comprendre ; car, ajoutait-il, nul ne saurait croire sans avoir compris, et il est ridicule d'aller prêcher aux autres des choses que ne peuvent entendre ni celui qui professe, ni ceux qu'il enseigne ». Soit qu'il vînt du maître ou des disciples, ce langage était sincère ; et quel pouvait être le but de l'étude de la philosophie, sinon de conduire à l'étude de Dieu, auquel tout doit se rapporter ? Dans quelles vues permettait-on aux fidèles la lecture des écrits traitant des choses du siècle et celle des livres des Gentils, sinon « pour les former à l'intelligence des vérités de la sainte Ecriture, et à l'habileté nécessaire pour les défendre ? »

Comment enfin la dialectique, le plus haut exercice des facultés humaines, « n'eût-elle pas conduit naturellement à l'étude de la théologie, regardée comme leur plus haut emploi? Ainsi qu'il le dit lui-même, Abailard, dialecticien dès le berceau, pouvait difficilement concevoir une science qui n'eût pour base celle dont il avait fait l'étude de sa vie. Très disposé à se rendre aux vœux de ses disciples, il composa alors pour leur usage, et comme sujet de ses leçons, son *Introduction à la théologie*, où il se propose, dit-il, de défendre la Trinité et l'unité de Dieu contre les arguments philosophiques ». C'est dans ce but surtout qu'il lui paraît nécessaire de « s'aider de toutes les forces de la raison, afin d'empêcher que, sur des questions aussi difficiles et aussi compliquées que celles qui font l'objet de la foi chrétienne, les subtilités de ceux de ses ennemis qui font profession de philosophie ne parviennent trop aisément à altérer la simplicité de notre foi ». Ainsi, renonçant dans cet ouvrage à la voie de l'autorité, il se réduit aux simples secours du raisonnement, tire ses arguments et ses citations des poètes et des philosophes aussi bien que des Pères ou des livres saints, et emploie alternativement la force et la subtilité de son esprit à surmonter la plus haute difficulté peut-être que se puisse imposer un esprit ami de la vérité, celle de prouver par le raisonnement ce qu'il croit en vertu d'une autorité autre que celle de la raison.

Le succès de l'*Introduction à la théologie* détermina l'orage qui grondait autour d'Abailard. Albéric et Lotulphe triomphèrent d'avoir enfin, contre l'ancien objet de leur haine, quelque chose de plus positif que des discours imparfaitement recueillis et transmis de bouche. Ils ne savaient pas encore quel motif d'accusation leur fournirait l'écrit d'Abailard; mais ils étaient sûrs d'en trouver un. L'infaillible instinct de la médiocrité jalouse leur faisait reconnaître, dans la supériorité seule, une sorte de crime contre lequel il n'est pas difficile d'animer la foule, parce qu'elle croit y voir un danger. A quoi bon, disait-on, écrire de nouveau sur ce qui a déjà été suffisamment expliqué ou ne saurait l'être, et par quelle inconvenance s'aider, dans un sujet sacré, des arguments ou de l'autorité des écrivains païens ? Une partie du second livre de l'*Introduction à la théologie* est destinée à repousser ces attaques. Abailard traite ailleurs avec un grand mépris les hommes qui anathématisent sa dialectique comme un art sophistique et trompeur, et il les compare au renard de la fable qui essaie de grimper après un cerisier pour en manger les cerises, et qui, retombé sans les pouvoir atteindre, dit en colère : « Je ne me soucie pas de cerises, cela est détestable. »

Des arguments et des moqueries ne suffisaient pas pour déconcerter les ennemis auxquels Abailard avait affaire. Puissants à Reims, où ils dirigeaient les écoles, ils attirèrent dans leur parti l'archevêque Raoul dit *le vert*, et en obtinrent la convocation d'un concile provincial à Soissons, pour juger les doctrines d'Abailard sur la Trinité. Ce concile se tint en 1121, en présence de Cosson, évêque de Preneste, et alors légat du Pape en France. Abailard fut invité à y apporter son livre ; et la veille de son arrivée, le peuple, à qui l'on avait persuadé qu'il enseignait trois dieux, poursuivit à coups de pierre deux de ses disciples. Il n'en vint pas moins rempli de confiance. Abailard avait souffert de la violence, mais il ne connaissait pas encore l'injustice légale et n'était pas arrivé à douter de la puissance de la vérité. Il ouvrit en arrivant un cours public, où chaque jour, avant la séance du concile, il exposait au public ses opinions sur les mystères de la foi. L'occasion sans doute échauffait son éloquence. On l'admirait : le peuple et le clergé revenaient des préventions qu'on leur avait inspirées contre lui, et se disaient : « Le voilà qui parle en public, et personne ne lui répond ; ce concile, assemblé, assurait-on, principalement contre lui, avance sans que l'on ait encore prononcé son nom ; aurait-on découvert que c'est lui qui a raison, et non pas ceux qui l'accusent? »

En effet, le concile tirait à sa fin, et personne n'avait osé porter les premiers coups à ce redoutable adversaire. Abailard, en reconnaissant aux trois personnes divines une seule et même essence, les avait distinguées par certains attributs plus particulièrement propres à chacune : au Père la puissance, au Fils la sapience, au Saint-Esprit l'amour. C'était sur cette distinction que l'on avait voulu d'abord fonder l'accusation de trithéisme. Il paraît qu'on l'avait abandonnée, et ses ennemis, peu subtils sans doute, s'épuisaient en vain à en trouver d'autres. L'embarras croissait chaque jour; il fallait enfin en venir au fait, et tous les jours avec plus de défaveur. Albéric se rendit chez Abailard, accompagné de quelques-uns de ses disciples, et après quelques discours de politesse, il lui dit qu'il s'étonnait de cette proposition contenue dans son livre : « Lorqu'on dit que Dieu a engendré Dieu, n'était que Dieu est un, je nierais que Dieu ait pu s'engendrer lui-même. »

Abailard offrit de lui donner les raisons de son opinion. « En de telles matières, répondit Albéric, nous ne faisons aucun cas de la raison humaine et de notre propre sens; nous ne nous attachons qu'aux paroles des autorités. — Ouvrez donc le livre, dit Abailard, et vous trouverez mes autorités. » En effet, prenant son ouvrage des mains d'Albéric qui l'avait apporté, et l'ouvrant par hasard à l'endroit qu'il cherchait, il lui montra, citées à l'appui de son opinion, ces paroles de saint Augustin : « Quiconque tient que Dieu par sa puissance ait pu s'engendrer lui-même tombe dans une telle erreur, que non seulement ce n'est plus Dieu qu'il conçoit ; ce n'est pas même une créature soit spirituelle ou corporelle, car il n'existe rien qui s'engendre soi-même. » Albéric, empressé et ravi de trouver un mauvais sens, n'avait pas remarqué la citation. Ses disciples rougirent ; quant à lui, il prétendit que le passage demandait explication. Abailard fit observer que cette opinion n'était pas nouvelle ; qu'au reste cela importait peu, puisque Albéric tenait non au sens, mais aux paroles ; ajoutant cependant que pour peu qu'il prît quelque plaisir à entendre des raisons, il était prêt à lui démontrer que, d'après ses propres paroles, c'était lui qui était tombé dans l'hérésie de ceux qui prétendent que le Père est à lui-même son propre fils. A ces paroles, Albéric furieux lui dit que ni ses raisons ni ses autorités ne lui serviraient de rien dans cette affaire, et sortit en proférant de violentes menaces.

Le dernier jour du concile était arrivé. Avant l'ouverture de la séance, le légat, l'archevêque de Reims, l'évêque de Chartres, Albéric, Lotulphe et quelques autres se réunirent en particulier pour délibérer enfin sur ce qu'il y avait à faire d'Abailard et de son livre. L'impossibilité de trouver la matière d'une accusation avait adouci les préventions des uns, forcé la haine des autres à quelques ménagements, et parmi les hommes considérables du concile, Abailard avait aussi quelques amis. Au nombre de ceux-là était Geoffroi, évêque de Chartres, prélat éclairé et respectable. Profitant de ce moment d'hésitation, il représenta à ses collègues le danger d'agir violemment contre un homme tel qu'Abailard, la multitude de ses partisans qui ne manqueraient pas, si on le jugeait sans l'entendre, comme quelques-uns paraissaient le conseiller, d'attribuer cette conduite à l'envie, ce qui pourrait mettre bientôt le public de son côté : « Si vous voulez, dit-il, procéder canoniquement contre lui, que sa doctrine soit exposée en plein concile ; qu'interrogé, il ait la liberté de répondre, et qu'ainsi, lorsque vous l'aurez convaincu et forcé d'avouer son erreur, il se trouve réduit au silence. »

A cette proposition, les ennemis d'Abailard ne purent dissimuler leur effroi : « Belle idée, s'écrièrent-ils, d'aller nous mettre en butte à la loquacité de cet homme et combattre avec lui d'arguments, quand nous savons que personne ne peut tenir contre ses sophismes ! » L'évêque vit à quel point cette crainte agissait sur les assistants, et désespérant de la vaincre, il chercha une autre voie de salut : « Le concile était, dit-il, trop peu nombreux pour juger une semblable cause; son avis était que l'abbé de Saint-Denis, qui avait amené Abailard, le reconduisît à son abbaye, et que là il fût convoqué une assemblée des hommes les plus doctes, chargés de statuer, après un mûr examen, sur ce qu'il pourrait y avoir à faire. » Ce conseil plut à la plupart de ceux qui étaient présents, et le légat se levant pour aller dire la messe avant d'entrer en séance, fit avertir Abailard de se tenir prêt à partir.

Albéric et Lotulphe comprirent qu'il ne leur restait plus d'espérance si l'affaire était portée hors du diocèse de Reims. Ils représentèrent à l'archevêque combien il lui était injurieux que cette cause sortît ainsi de ses mains, et lui firent craindre qu'Abailard ne parvînt de cette manière à leur échapper entièrement.

Tous trois se rendirent aussitôt auprès du légat pour l'engager à en finir sur-le-champ, et, sans autre forme de procès, à faire brûler le livre en condamnant Abailard à la réclusion perpétuelle dans un monastère. « Il suffirait, disaient-ils, pour mériter ce traitement, qu'Abailard se fût permis de faire des lectures publiques de son livre et d'en laisser prendre des copies sans l'autorisation du Pape ou de l'Eglise. » Cette raison, la plus propre de toutes à faire effet sur le légat, n'empêchait cependant pas qu'il ne répugnât à la mesure qui lui était demandée.

Rome, occupée de ses démêlés avec les empereurs, mettait peu d'intérêt à ces subtilités théologiques encore sans influence sur les affaires de ce monde. Le légat en son particulier ne s'était jamais fatigué d'études, et son bon sens italien s'étonnait de tant de passion apportée en de si futiles discussions. Mais entre puissants, les intérêts du faible sont rarement une cause de discorde, et lorsqu'il ne s'agissait que de prononcer sur le sort d'un homme, sans aucun préjudice pour les prérogatives de la cour de Rome, un légat n'avait rien à refuser à un archevêque de Reims. Celui d'Abailard fut bientôt décidé au gré de ses persécuteurs. L'évêque de Chartres, qui en fut averti, l'alla prévenir, l'engageant à se soumettre avec d'autant plus de douceur que la conduite envers lui devait paraître plus violente. Des marques de haine si odieuses et si manifestes devaient nécessairement lui tourner bientôt à profit. Quant à la réclusion, l'évêque l'assura qu'il ne devait s'en inquiéter en aucune manière, certain que le légat, qui avait agi malgré lui, comptait l'en délivrer dans très peu de jours.

C'étaient là les conseils que devait donner un évêque, et Abailard n'avait ni hors de lui, ni probablement en lui-même assez d'appui pour y résister. Abattu et consterné, il se laissa conduire devant le concile. Là, sans aucune espèce de discussion, on lui ordonna de brûler son livre de sa propre main (1). Cependant, pour qu'il ne fût pas dit qu'on avait prononcé sans aucun motif de condamnation, un des accusateurs murmura timidement qu'on avait découvert dans le livre cette proposition que Dieu le Père est le seul tout-puissant. Le légat, l'ayant entendu, s'écria : « Cela n'est pas possible ; un enfant ne tomberait pas en pareille erreur ; tout le monde sait et professe qu'il y a trois tout-puissants. » A quoi se prenant à rire, un docteur nommé Terrières répondit par ces paroles de saint Athanase : « Et pourtant il n'y a pas trois tout-puissants, mais un seul tout-puissant. » Son évêque, aussi indigné qu'effrayé, voulut réprimer tant d'audace ; mais Terrières, se levant, s'écria dans le langage de Daniel : « Je vous le déclare, enfants d'Israël ; sans juger et sans connaître la vérité, vous avez condamné un fils d'Israël : retournez, pour le juger de nouveau, et jugez le juge qui, institué pour redresser les erreurs, vient de se condamner de sa propre bouche. » « Certes, messire, reprit-il, le Père est tout-puissant, le fils tout-puissant, le Saint-Esprit tout-puissant. » Il demanda ensuite qu'Abailard fît sa profession de foi; mais, comme

(1) Abailard fut condamné sans être entendu tant on craignait les effets puissants de sa logique. On peut lire dans *Gervaise* le détail des intrigues qui eurent lieu dans ce concile et qui ne font pas grand honneur aux prélats du xii° siècle.

celui-ci se levait pour s'expliquer, ses accusateurs, redoutant les premières paroles qui allaient sortir de sa bouche, se hâtèrent de dire qu'il suffisait de lui faire réciter le symbole de saint Athanase ; et, comme s'il eût été incapable de le dire de mémoire, ils le lui présentèrent par écrit. A ce dernier affront, Abailard perdit ce qu'il lui restait de force ; ses larmes, ses sanglots éclatèrent et accompagnèrent la lecture du symbole, qui termina cette scène d'humiliation. Il fut ensuite conduit prisonnier à l'abbaye de Saint-Médard, de Soissons.

Il y arriva dans un état de désespoir difficile à exprimer, facile à comprendre. L'abbé et les moines de Saint-Médard, fiers de posséder un tel homme et espérant le garder parmi eux, le reçurent avec honneur et n'oublièrent rien pour le consoler. Mais la prédiction de l'évêque de Chartres ne tarda pas à s'accomplir ; le cri public s'éleva avec une telle force contre les auteurs d'un pareil scandale que tous, cherchant à s'en excuser, commencèrent à se rejeter la faute les uns sur les autres, et, peu de jours après, le légat, détestant publiquement l'animosité qu'avait montrée en cette occasion le clergé français, relâcha Abailard de sa prison de Saint-Médard et le fit reconduire à Saint-Denis.

Aidé de quelques moines touchés de son sort, et par les secours de plusieurs de ses disciples, il parvint à s'échapper durant la nuit et se réfugia à Provins, sur les terres de Thibaut, comte de Champagne, dans le monastère de Saint-Ayoul, dont le prieur était de ses amis. Il y vivait tranquille sous la protection du comte, qui avait pris intérêt à ses malheurs, lorsque l'abbé de Saint-Denis vint visiter celui-ci pour quelque affaire ; Abailard pria Thibaut d'obtenir pour lui la permission de demeurer à Saint-Ayoul. L'abbé refusa d'y consentir, Abailard persécuté ne cessait pas d'appartenir à Saint-Denis ; laissé libre, il allait transporter à une autre abbaye l'honneur de cette préférence dont on s'était si hautement glorifié. Heureusement, l'abbé mourut sur ces entrefaites. Suger, qui lui succéda, rejeta d'abord également la demande d'Abailard ; mais l'affaire, portée au conseil du roi et traitée à la cour, y rencontra moins de difficultés. La maxime du conseil était de favoriser le relâchement parmi les moines de Saint-Denis, qu'une vie plus régulière eût rendus plus indépendants. Les amis d'Abailard firent valoir son incommode sévérité, et Etienne de Garlande, à qui Suger s'était adressé de son côté, lui représenta que c'était, chez lui et les moines, une étrange fantaisie que de s'obstiner à retenir malgré lui un homme qui les gênait et ne leur était bon à rien. Suger entendit raison ; la permission de quitter Saint-Denis fut accordée. Seulement, pour sauver l'honneur de l'abbaye, on stipula qu'Abailard n'entrerait dans aucune autre et se choisirait une solitude où il pût faire son séjour. Alors, du consentement de l'évêque de Troyes, il s'établit dans son diocèse, où on lui avait donné quelque peu de terre sur les bords de l'Ardisson, et, seul avec un clerc, il s'y construisit de ses mains un oratoire qu'il dédia à la sainte Trinité.

A peine ses disciples eurent-ils appris le lieu de sa retraite, qu'ils accoururent de tous côtés, et, le long de la rivière, se bâtirent autour de lui de petites cabanes. Là, couchés sur la paille, vivant de pain grossier et d'herbes sauvages, mais heureux de retrouver leur maître, avides de l'entendre, ils se nourrissaient de sa parole, cultivaient ses champs et pourvoyaient à ses besoins. Des prêtres se mêlaient parmi eux aux laïques ; « et ceux, dit Héloïse, qui vivaient des bénéfices ecclésiastiques et qui, accoutumés à recevoir, non à faire des offrandes, avaient des mains pour prendre non pour donner, ceux-là mêmes se montraient prodigues et presque importuns dans les dons qu'ils apportaient ». Il fallut bientôt agrandir l'oratoire devenu trop petit pour le nombre de ceux qui s'y réunissaient. Aux cabanes de roseaux succédèrent des bâtiments de pierre et de bois, tous construits par le travail ou au frais de la colonie philosophique ; et Abailard, au milieu de cette affectueuse et studieuse jeunesse, sans autre soin que celui de l'instruire et de lui dispenser le savoir et la doctrine, vit s'élever l'édifice religieux qu'en mémoire des consolations qu'il y avait trouvées dans son infortune il dédia au Paraclet ou consolateur.

A quelques lieues de là, s'était élevée, moins de dix ans auparavant, l'abbaye de Clairvaux, centre d'un autre mouvement bien plus puissant alors et bien plus étendu que celui dont Abailard s'était fait le chef. En 1115, saint Bernard, déjà moine de Cîteaux, était descendu, par l'ordre de son abbé et à la tête de quelques religieux, dans le sauvage vallon de Clairvaux, pour y fonder un nouveau monastère. Les travaux et les souffrances des premiers cénobites avaient fécondé le sol et tracé le plan de l'entreprise. Le vallon s'était peuplé d'habitants, le monastère de pénitents qu'amenaient de toutes parts la réputation et l'influence du jeune abbé. Déjà, avant de quitter Cîteaux, Bernard, par la puissance de sa parole, l'autorité de son exemple ou l'ascendant de sa volonté, y avait réuni autour de lui ses cinq frères, son oncle, les compagnons de sa jeunesse. A peine à Clairvaux, il y attira son père, et dix ans plus tard, sa sœur; la dernière de sa famille qui résistât encore, arrachée à son mari après de longs efforts, s'alla renfermer dans le monastère de Suilly, institué par Bernard pour servir d'asile aux femmes qu'il séparait de leurs maris et de leurs enfants. Voilà comment ce moine, qui porte le titre de saint, comprenait la charité; il fut le persécuteur d'Abailard ; ce disciple, qui se disait celui de Jésus, a passé sa vie à semer la discorde et la haine, il ne sut jamais, dit Rémusat, lui qui domptait tout, dompter la colère et l'orgueil, et Abailard disait avec amertume en voyant ses persécutions incessantes : qu'il formait le projet de fuir les pays catholiques pour se retirer chez les idolâtres et aller vivre en chrétien parmi les ennemis du Christ, qu'il espérait là plus de charité. La douce Héloïse l'appelait le faux apôtre, et celui à qui ses vertus et sa longue vie ont attiré le nom de Pierre le vénérable, le prieur de Cluny, écrivait à Bernard dont le zèle vantait sans doute la règle de Clairvaux au détriment de celle de Cluny : « La règle de Saint-Benoît est subordonnée à la règle de la charité », et plus loin : « Vous remplissez les devoirs pénibles et difficiles, qui sont de jeûner, de veiller, de souffrir et vous ne pouvez supporter le devoir facile qui est d'aimer. » Tel fut le persécuteur du grand et cher Abailard. Partout son zèle inflexible, son infatigable persévérance allaient chercher des prosélytes ; partout ses prédications portaient l'effroi dans les consciences, le trouble dans les familles ; « les femmes, dit-on, cachaient leurs maris, les mères leurs fils ». Mais rien n'échappait à saint Bernard de ce qu'il avait résolu d'atteindre ; et des colonies de reclus sortaient de Clairvaux, comme Clairvaux était sorti de Cîteaux, pour aller élever de tous côtés de nouvelles retraites, fondées de même dans l'humilité, pour arriver bientôt à la puissance.

On avait attaqué comme inutile et presque comme hérétique la dédicace au Paraclet ; il ne paraît pas cependant que cette chicane ait eu des suites sérieuses. On ignore à quelles inculpations plus graves eurent alors recours les hommes que blessaient le nouvel établissement, et l'éclat dont brillait le nom de son fondateur : Abailard nous dit seulement que « des discours calomnieux attaquèrent sa conduite ainsi que sa doctrine ; ses adversaires finirent par lui aliéner les puissances non seulement ecclésiastiques, mais séculières, lui enlevèrent ses principaux amis, et contraignirent ceux qui lui conservaient de l'attachement à le dissimuler par crainte ».

Au milieu de ces agitations, il crut entrevoir un port de salut. Les moines de Saint-Gildas de Ruys, dans le diocèse de Vannes, venaient de le choisir pour leur abbé. Il obtint sans peine de l'abbé et des moines de Saint-Denis la permission d'accepter, et les terreurs qui le poursuivaient en France l'emportèrent sur l'effroi de ce qui l'attendait en Bretagne : « des moines déréglés et indomptables, un pays barbare, dit-il, situé à l'extrémité des terres, sur le bord des ondes de l'Océan, et habité par des peuples féroces et turbulents dont la langue lui était inconnue ». Cependant, rien ne l'arrêta : il rompit son école et partit pour Ruys. Il y trouva ce qu'il aurait dû prévoir, des difficultés au-dessus de son énergie, des peines trop fortes pour son courage, le désordre au dedans et au dehors, les terres de l'abbaye envahies par un puissant voisin, auquel des moines sans règle, et par conséquent sans autorité, n'avaient aucun moyen d'imposer ; des embarras d'administration que les moines, irrités des tentatives de réforme de leur nouvel abbé, s'appliquèrent bientôt à lui rendre insurmontables ; point de secours dans une population semblable aux gens contre lesquels il aurait eu à se défendre, et, au milieu de ces sauvages, l'éloquence, l'esprit, la science, la renommée complètement inutiles. Dans sa détresse, le désolé Abailard tournait des regards de repentir vers le Paraclet, que, sans absolue nécessité, il avait laissé désert, négligé, trop pauvre pour pourvoir à l'entretien d'un desservant. Il apprit que les religieuses d'Argenteuil, parmi lesquelles Héloïse occupait la dignité de prieure, venaient d'être chassées de leur couvent par les moines de Saint-Denis, qui, à raison ou sous prétexte d'anciens droits, s'étaient emparés de leurs biens comme de leur maison, et les avaient obligées de se disperser en différentes communautés. Il offrit à Héloïse le Paraclet pour asile. Elle s'y rendit avec plusieurs religieuses qui s'étaient attachées à son sort. Deux d'entre elles étaient, dit-on, nièces d'Abailard. Il alla les y recevoir, et une donation en forme, approuvée de l'évêque et du Pape, les mit en possession de l'oratoire, qui fut érigé en abbaye sous le nom de monastère de la Sainte-Trinité. C'est ainsi du moins que le désigne la bulle d'institution donnée en 1131 par Innocent III. Cependant le nom de Paraclet est demeuré le seul en usage. Abailard l'emploie constamment, même dans ses lettres à saint Bernard. Héloïse fut nommée abbesse de la nouvelle communauté.

Il fallut pourvoir à sa subsistance. Le genre d'établissement auquel avait été consacré d'abord le Paraclet n'était pas de ceux qui attiraient alors la libéralité des peuples. Le Paraclet ne possédait rien ou à peu près. Mais bientôt la dévotion publique, animée par les prédications d'Abailard, s'empressa de venir au secours du saint monastère, « dont les propriétés s'accrurent en un an, dit-il, plus, je crois, que je n'eusse pu pour mon compte les augmenter en cent années »; ce qu'il attribue à l'intérêt qu'inspiraient les souffrances et les vertus des femmes, et aussi à la considération que s'attirait Héloïse, par son incomparable et douce patience, sa vie retirée, et le mérite de sa conversation d'autant plus recherchée qu'on en jouissait plus rarement. « Les évêques, dit-il, la chérissaient comme leur fille, les abbés comme une sœur, les laïques comme leur mère. » Abailard voyait avec joie la prospérité croissante du Paraclet. Le soin d'instruire, de diriger des consciences soumises, le reposait des amers travaux de son gouvernement de Saint-Gildas. Il retrouvait, dans la société d'esprits capables de l'entendre, un aliment à l'activité du sien. Cependant une attention jalouse ne pouvait manquer de s'attacher à un établissement formé sous sa conduite. Ce fut probablement dans l'un des intervalles de ses fréquents voyages au monastère, qu'Héloïse reçut la visite de saint Bernard. Celui-ci, assistant à leurs offices, s'aperçut dans ce passage de l'oraison dominicale : *panem nostrum quotidianum da nobis hodie*, que les religieuses substituaient au mot *quotidianum*, donné par la version de saint Luc et reçu par l'Eglise, le mot *supersubstantialem*, donné par la version de saint Mathieu. Il censura vivement cette nouveauté, et Abailard ne l'ignora pas longtemps. Il supportait peu les critiques, et peut-être celles de saint Bernard le trouvaient-elles déjà disposé à l'aigreur. La lettre qu'il lui écrivit à ce sujet dut la rendre réciproque, et compte probablement au nombre des incidents qui ont envenimé leurs querelles.

D'autres censures plus fâcheuses pour Abailard vinrent bientôt troubler son repos et les consolations qu'il commençait à goûter. On calomnia ses relations avec Héloïse ; ni son âge ni son malheur ne le garantirent du soupçon, ou du moins des propos. Effrayé de la moindre attaque, sensible à la moindre blessure, Abailard, comme à l'ordinaire, céda sans résistance et sans résignation, et s'en retourna avec un redoublement de chagrin défendre sa vie contre les embûches et les violences de ses moines, déterminés à se défaire de lui à quelque prix que ce fût. En vain s'arma-t-il de l'excommunication ; en vain l'autorité du Pape vint-elle à son secours pour expulser du couvent de Saint-Gildas de Ruys les moines les plus rebelles et ceux qu'il croyait avoir le plus à craindre. Obligé de s'éloigner lui-même quelque temps pour échapper aux plus grands dangers, il les retrouva à son retour. On avait tenté de l'empoisonner dans le vin de l'autel ; il avait vu périr un jeune moine pour avoir mangé des aliments qui lui étaient destinés. Au dedans, au dehors du couvent, des assassins menaçaient sa vie. Un accident le mit en péril, il tomba de cheval, se blessa à la nuque, et l'affaiblissement de la maladie vint s'ajouter à toutes les autres causes d'abattement et d'anxiété.

C'est dans cette disposition d'esprit qu'Abailard a écrit l'*Historia calamitatum suarum*, adressée, dit-il, à un ami qui se plaignait de ses malheurs pour le consoler par le récit de malheurs plus grands encore. Rien n'indique en faveur de quel ami Abailard s'est ainsi occupé de ses propres peines ; rien n'autorise même à affirmer que cette forme de lettre à un ami ne soit pas simplement le cadre dans lequel il aura jugé à propos de placer cette histoire déplorable. Ce qu'il y a de certain, c'est que, promptement répandue, elle parvint bientôt à Héloïse, et devint l'occasion de ces lettres fameuses qui ont porté jusqu'à nous la réputation poétique de deux amants. Il serait assez difficile de se bien expliquer quelles causes avaient tenu si longtemps Héloïse dans le silence et quelles causes l'engagèrent alors à le rompre. Mais le temps, en calmant les agitations de son âme, avait fait sentir à Héloïse quels liens doux et chers pouvaient lui rester encore ; elle les avait regrettés, et elle saisit avec ardeur l'occasion de les renouer. Inquiète des périls que court Abailard au milieu des sauvages moines de Saint-Gildas, elle lui écrit pour le conjurer de la rassurer, ainsi que la communauté dont il est le Père.

La réponse d'Abailard est noble et touchante. On voit que, relevé de son malheur par la nécessité de soutenir Héloïse, il a rappelé à la fois ses forces et son affection. Il conseille, il blâme, il prescrit ; il est encore le mari d'Héloïse. Si elle veut lui plaire, elle vaincra ces amertumes de cœur, dangereuses pour elle, fâcheuses pour lui ; elle craindra de ne pas parvenir avec lui à la céleste béatitude. Elle qui l'eût suivi dans les gouffres de la terre, voudra-t-elle le laisser aller seul vers Dieu, à qui leur union sera d'autant plus agréable qu'elle sera plus heureuse? De quoi se plaint-elle? N'a-t-elle pas mérité par assez de fautes le châtiment qui est tombé sur eux? Lui surtout, coupable d'une si honteuse perfidie envers l'homme qui l'avait reçu dans sa maison, lui, dont les emportements ont si souvent forcé la résistance que lui opposait la retenue d'une faible femme, plus forte que lui à se vaincre elle-même, n'est-il pas juste qu'il soit le plus puni? et quelle douce miséricorde dans cette punition qui a purifié son âme comme son corps ! De quel abîme la bonté de Dieu les a retirés tous deux, et quel soin n'a pas pris sa clémence de les sauver ensemble, en les unissant peu de temps auparavant des liens indissolubles du mariage ! « Et tandis que je pensais t'assurer à moi pour toujours, toi que j'aimais avec excès, Dieu songeait à tout préparer pour qu'un même événement nous attirât cette fois vers lui... Unis-toi donc avec moi, toi encore mon inséparable compagne, toi qui partageas et ma faute et les biens que j'ai reçus, unis-toi avec moi dans une même action de grâces. » Il lui rappelle l'époux divin dont elle est devenue l'heureuse épouse, lui peint avec chaleur son amour, ses souffrances, les droits qu'il a sur elle : « Que pour lui donc, et non pour moi, je t'en conjure, soient tout ton dévouement, toute ta piété, toutes tes douleurs. Pleure une si cruelle iniquité commise sur une si haute innocence, et non pas la juste vengeance exercée sur moi, que dis-je? le bienfait suprême qui nous a sauvés tous deux. Et maintenant tu es bien plus ma maîtresse puisque tu es l'épouse de mon maître. »

Héloïse ne résista pas plus qu'à l'ordinaire. « Tu n'auras pas lieu, dit-elle, de m'accuser de désobéissance en quoi que ce soit ; ton ordre mettra un frein à l'expression de ma douleur... il me serait difficile ou plutôt impossible d'être toujours maîtresse de mes paroles, mais je puis du moins en écrivant retenir ma main. Plût à Dieu que mon âme affligée pût être aussi prompte à t'obéir ! » De ce moment cessent toutes plaintes, tous souvenirs. Héloïse, revenue, au moins dans ses lettres, aux pensées les plus propres à la calmer, ne s'occupe plus qu'à consulter Abailard sur les devoirs de son état, sur la règle à observer, sur des questions religieuses à résoudre. Abailard répond à tout avec intérêt et exactitude ; et cette correspondance intime doit être regardée comme un des témoignages les plus éclatants de la supériorité de jugement qui distinguait ce couple extraordinaire. Abailard est entré plus avant qu'Héloïse dans l'ordre d'idées qui appartient à son nouvel état. Plus moine qu'elle n'est religieuse, son mérite est d'avoir conservé, dans son changement de position, la même liberté d'esprit, e , pénétré des sentiments d'une dévotion fervente, de la diriger selon sa raison. La raison d'Héloïse est moins convaincue que celle d'Abailard ; on entrevoit que la règle monastique répugne à ses idées comme à ses penchants. Elle serait tentée de croire que les premiers législateurs de l'Eglise n'y ont pas assujetti les femmes ; du moins pense-t-elle que sa rigueur leur doit être adoucie. Sévère sur la clôture, sur la séparation du commerce du monde et surtout des hommes, sur l'assiduité à l'étude, à la méditation, à la prière, Héloïse repousse les austérités extérieures, demande s'il ne suffit pas que l'abstinence d'une religieuse égale celle qui est ordonnée au clergé séculier, et elle s'écrie : « Plût à Dieu que notre dévotion pût s'élever à accomplir l'Evangile sans prétendre à le dépasser et sans chercher à être plus que chrétiennes ! » Abailard, d'accord avec elle sur ce point, dans la règle qu'il donne aux religieuses du Paraclet, ne leur prescrit guère d'autres lois d'abstinence que celles qu'impose la pauvreté, dont il leur fait un devoir si absolu qu'il veut qu'elles refusent ou rendent tout ce qui leur serait donné par delà l'absolu nécessaire. Tous deux s'élèvent avec force contre les austérités dont on surcharge de leur temps la vie monastique, et la foule de ceux qui s'y précipitent avec une imprévoyance qui se tourne bientôt en dégoût et en relâchement. « Non seulement ceux, dit Abailard, qui se soumettent à de semblables lois, mais ceux qui les imposent, doivent prendre garde que la multiplicité des préceptes n'engendre la multiplicité des transgressions. » Abailard, dans cette lettre, ou plutôt dans ce traité, condamne sévèrement aussi l'imprudente fondation de tant de monastères, le ridicule orgueil que met chaque supérieur à grossir sa congrégation avant d'avoir pourvu aux besoins de ceux qu'on rassemble de cette manière ; en sorte que la nécessité d'y subvenir engage la plupart des abbés à des soins et à des procédés mondains entièrement contraires aux devoirs de leur état. La peinture vive et répétée, qu'il fait des dérèglements et de l'ignorance des moines de son temps, prouve, ce qui n'est pas difficile à croire, qu'un mouvement aussi étendu, aussi passionné que celui qui éclatait alors, ne pouvait se soutenir partout également, et qu'au sein même des rigueurs nouvelles, la faiblesse humaine ne tardait pas à reparaître ; mais ce morceau est curieux en ce qu'il montre Abailard en complète opposition avec l'impulsion dominante, et la jugeant dans le même esprit qui a, de son temps et plus tard, dicté toutes les satires contre le clergé et les moines, et enfin amené le plus grand événement religieux qui ait éclaté en Europe depuis la prédication du Christianisme.

Mais en vain Abailard essayait de revenir à l'enseignement, son plus grand talent et sa première gloire ; il n'y trouvait point de repos. Esprit libre et superbe, il avait engagé, contre la puissance investie du gouvernement des esprits, cette lutte redoutable qui a rempli sept siècles, et dont le dernier combat, chez nous du moins, s'est livré de nos jours et sous nos yeux. Il y rentrait sans cesse, par une leçon, par une conversation, aussi bien que par un livre. Il en était venu à ce point où aucune idée, aucune parole n'est plus indifférente, où tout est observé, suivi, commenté, et rallume soudain la guerre. Un nouvel écrit, sa *Théologie Chrétienne*, reproduisit les opinions qu'il avait déjà exprimées dans les précédents, entre autres dans son *Introduction à la théologie*. Guillaume de Saint-Thierry, moine dans l'abbaye de Signy, tira de ces deux ouvrages les propositions qui lui parurent hétérodoxes, et les dénonça aux principaux chefs de l'Eglise, surtout à saint Bernard, et ces écrits furent soumis au concile de Sens qui les condamna.

Aucune violence ne fut exercée contre Abailard, aucune atteinte portée à sa liberté. Après avoir été condamné par le concile, il quitta Sens, et se mit en route pour aller soutenir à Rome l'appel qu'il y avait porté.

Le temps n'était pas encore venu où l'Eglise crût devoir déclarer à la liberté d'esprit une guerre vraiment à mort, et détruire l'homme pour se défendre de la pensée. Le génie et la science, nouveaux à cette époque, étaient encore honorés et respectés, quelque suspect qu'en parût l'emploi. Saint Bernard surtout, qui, dans sa visite au Paraclet, avait été naguère si frappé de la supériorité d'Héloïse, portait à Abailard, même en le condamnant, une admiration mêlée d'intérêt. Abailard fit bientôt de cette noble disposition de ses plus illustres adversaires, une éclatante preuve. A peine arrivé à Lyon, il apprit que le Pape avait non seulement confirmé le jugement du concile de Sens, mais condamné ses écrits au feu, excommunié l'auteur et prescrit qu'il passât le reste de ses jours enfermé dans un monastère. Abattu autant qu'agité, ne sachant que résoudre, Abailard cherchait un conseil et un refuge. L'abbaye de Cluny était voisine. L'abbé Pierre-le-Vénérable, l'un des hommes les plus respectés du siècle, le recueillit, le rassura, le soutint et se chargea de le réconcilier avec saint Bernard et avec le Pape. Abailard accepta tout ; il succombait. Longtemps l'ardeur de son esprit lui avait tenu lieu de force d'âme, et les joies de l'orgueil l'avaient ranimé au sein des revers; il ne sentait plus ni joie ni ardeur. Résigné, ou plutôt épuisé, il cessa toute résistance, toute lutte, et ne parut plus songer qu'à remplir dans les murs de l'abbaye ses devoirs de moine soumis. Pierre-le-Vénérable intervint partout en sa faveur. Il fit agir auprès de saint Bernard un de ses plus affidés disciples, Rainard, abbé de Cîteaux. Il écrivit lui-même au Pape en l'informant du désir que témoignait Abailard de rester à Cluny :

« Nous avons trouvé le dessein bien convenable à son âge, à sa faiblesse, à sa piété ; et pensant que sa science, qui ne vous est point inconnue, serait utile à nos frères en si grand nombre, nous y avons consenti... Je vous demande donc, moi tel quel, mais tout à vous, et il vous le demande lui-même, par lui-même, par nous, par cette lettre qu'il nous a supplié de vous écrire, par les porteurs qui vous la remettront, de permettre qu'il passe dans votre maison de Cluny le reste des jours, peu nombreux peut-être, de sa vie et de sa vieillesse ; en sorte que personne ne le puisse expulser de cette demeure, qu'il se réjouisse, comme un passereau, d'avoir trouvée, de ce nid où il est heureux, comme un tourtereau, de s'être abrité. »

Le succès couronna partout ces charitables efforts. Saint Bernard fit la paix de bonne grâce ; le Pape leva l'excommunication. L'autorité du pieux abbé de Cluny dissipa au dehors les restes de l'orage qui avait accablé la philosophie, tandis qu'au dedans sa bonté s'appliquait à le relever de son abattement. Mais la bonté des hommes arrive presque toujours trop tard. Abailard était brisé de corps et d'âme. Au milieu des austérités qu'il s'infligeait, il fut atteint d'une maladie douloureuse. En proie à une fièvre constante, il dépérissait à vue d'œil. L'abbé de Cluny s'inquiéta et l'envoya au prieuré de Saint-Marcel, à Châlon-sur-Saône, dans l'espoir que le déplacement, un air nouveau lui seraient salutaires. Les premiers moments parurent favorables ; mais au bout de quelques jours, le mal empira rapidement, et le brillant professeur, le théologien téméraire qui avait fait tant de bruit dans le monde, mourut en humble moine, au fond d'une abbaye obscure, le 21 avril 1142, âgé de soixante-trois ans.

Dès qu'il en fut informé, Pierre le Vénérable envoya au Paraclet un exprès chargé d'annoncer à Héloïse l'amère nouvelle : « A des yeux clairvoyants, lui écrivait-il, saint Germain n'a pas été plus humble, saint Martin plus pauvre. Son âme ne médisait, sa langue ne proférait, sa conduite ne manifestait que des choses toujours divines, toujours philosophiques, toujours savantes. »

C'est un beau droit de la sainteté de se montrer pleine d'une tendre compassion pour les douleurs des âmes tendres, même quand elles ne sont pas saintes. Héloïse répondit dignement au digne abbé de Cluny. Vingt et un ans après, le 16 mai 1163, âgée de soixante-trois ans, Héloïse descendit dans le même tombeau. Peu de temps avant sa mort et dans sa maladie, elle ordonna, dit-on, qu'on l'ensevelît dans le tombeau de son époux. Ce tombeau était placé dans une chapelle qu'Abailard avait fait construire, peut-être le premier bâtiment en pierre de l'ancien Paraclet, et qui joignait le cloître avec le chœur. On l'appelait le petit moustier. « Lorsque la morte », dit une chronique, « fut apportée à cette tombe qu'on venait d'ouvrir, son mari qui, bien des jours avant elle, avait cessé de vivre, éleva les bras pour la recevoir, et les ferma en la tenant embrassée. » Héloïse continua d'être l'objet de l'admiration et de la vénération générale. Son siècle la mettait au-dessus de toutes les femmes et la postérité n'a pas démenti son siècle. La révolution française, qui abolit l'institution fondée par Abailard, respecta cependant, et sa mémoire, et le double cercueil où l'on croyait avoir conservé les derniers restes d'Abailard et d'Héloïse.

Ces ossements confondus sont aujourd'hui replacés dans la tombe de pierre où lui-même avait été d'abord enseveli sous les voûtes de l'église de Saint-Marcel. Comment cette tombe est-elle aujourd'hui déposée dans un des cimetières de Paris? D'où vient le monument qui la renferme, ce monument connu de tous, tant de fois reproduit par le dessin, sans cesse visité par une curiosité populaire, et qu'on peut souvent dans les beaux jours voir encore paré de couronnes funéraires et de fleurs fraîchement cueillies?

Un homme dont les soins pieux ont sauvé à la France bien des richesses de l'art gothique dans un temps où cet art était aussi dédaigné par le goût qu'insulté par les passions, l'auteur du *Musée des Monuments français* est celui à qui nous devons la conservation des restes d'Abailard et d'Héloïse et le tombeau même qui les contient. En 1792, le Paraclet fut vendu à la requête et au profit de la nation. Les notables de Nogent-sur-Seine vinrent en cortège lever le corps des deux amants que protégeait du moins la philosophie sentimentale de l'époque, et les transportèrent dans leur ville et dans l'église de Saint-Léger. En 1794, des fanatiques du temps, à qui, certainement, l'ombre de saint Bernard n'était point apparue, dévastèrent l'église. Cependant ils épargnèrent le caveau qui renfermait les précieux restes. Six ans après, 3 floréal, an VIII, M. Lenoir, muni d'un ordre du gouvernement, reçut des mains du sous-préfet, au nom de l'arrondissement, un cercueil qui renfermait ces restes séparés par une lame de plomb. On l'ouvrit avec soin, et un procès-verbal fut dressé constatant l'état des ossements. Il a été publié. Les têtes furent moulées, et c'est sur ce modèle qu'un sculpteur a composé les masques si connus. Vers le même temps, un médecin de Châlon-sur-Saône, ayant sauvé le tombeau de l'église de Saint-Marcel, cette cuve de pierre gypseuse alabastrite, grossièrement ciselée, au moment où, achetée par un paysan, elle allait être livrée à quelque usage domestique, la remit au créateur du musée des Petits-Augustins, et c'est dans ce sépulcre grossier, dont les sculptures paraissent effectivement à de bons juges être du temps et du pays, que les restes des deux époux ont été enfin déposés. Auprès d'une statue réputée, celle d'Abailard en habit de moine, une statue de femme, du xıı° siècle, et à laquelle on avait adapté le masque de convention d'Héloïse, fut couchée sur le même tombeau. C'est celui qu'on a placé dans une sorte de chambre ou de lanterne, d'un gothique orné, et formée de débris enlevés au cloître du Paraclet, et surtout à une ancienne chapelle de Saint-Denis. Ce monument, d'un style recherché, postérieur au xıı° siècle, ouvrage composite d'Alexandre Lenoir, fut à la restauration transporté du jardin du musée des Petits-Augustins dans le cimetière du Père-Lachaize, le 6 novembre 1817. Les noms d'Héloïse et d'Abailard étaient gravés alternativement sur la plinthe, et interrompus seulement par ces mots : ΔΕΙΣΥΜΗΕΠΑΓΜΕΝΟΙ, *toujours unis.*

Terminons notre récit. Il doit, s'il est fidèle, suffire pour faire connaître Abailard et celle dont le nom charmant est inséparable du sien. On nous dispensera de chercher à juger son génie, son amour, son caractère. Sa vie est comme le reflet de tout cela, et on la juge en la racontant.

Quoique les ouvrages d'Abailard aient beaucoup de valeur, ils donneraient de lui une insuffisante idée si nous n'avions le témoignage de son siècle, et ce témoignage est très considérable. Ces temps du Moyen Age, qu'on se représente comme ensevelis dans l'ignorance, comme abrutis de grossièreté, tenaient en haute estime, peut-être à cause de leur grossièreté et de leur ignorance même, les travaux de l'esprit et du talent.

La renommée s'attachait aisément alors à la supériorité littéraire, et je ne sais s'il est beaucoup d'époques où il ait mieux valu briller par la pensée ou la science.

C'étaient autant de dons rares, merveilleux, presque surnaturels, auxquels tous rendaient hommage. Le clergé même considérait les esprits qu'il redoutait. Le pouvoir temporel les persécutait quelquefois, mais ne les dédaignait pas. Il y avait au-dessus de ces populations rudes et violentes, séparées par tant d'obstacles, exposées à tant de tyrannies, une véritable république des lettres, une société tout intellectuelle que l'Eglise universelle ou du moins l'Eglise latine, enserrait dans son vaste sein, offrant une place, un titre, un asile, une puissance même, à ceux qui s'en montraient les citoyens éminents. La force qui, dans le champ de la politique, exerçait un empire si absolu, s'arrêtait avec respect, même avec déférence, devant le génie, vu le simple savoir, revêtu d'un caractère sacré et populaire à la fois ; on admirait ce que l'on ne comprenait pas.

Abailard, à travers tous ses malheurs, a joui autant ou plus qu'homme au monde des douceurs de la renommée. Les philosophes de la Grèce n'obtinrent pas de leur vivant une aussi lointaine célébrité.

Chez les modernes, ni les Descartes, ni les Leibnitz n'ont vu leur nom descendre à ce point dans les rangs du peuple contemporain. Voltaire seul, peut-être, et sa situation dans le xviii° siècle nous donneraient quelque image de ce que le xii° pensait d'Abailard. Ceux mêmes qui le blâmaient ou ne l'osaient défendre, l'appelaient *un philosophe admirable, un maître des plus célèbres dans la science.* « Nos siècles, dit un chroniqueur, n'ont point vu son pareil ; les premiers siècles n'en ont point vu un second. » Un écrivain du temps emploie pour lui ce mot, qu'il invente peut-être, ce titre d'esprit *universel* qui semble avoir été précisément retrouvé pour Voltaire ; d'autres ont dit que la Gaule n'eut *rien de plus grand*, qu'il était *plus grand que les plus grands*, que *sa capacité* était *au-dessus de l'humaine mesure* ; et ce siècle, qui avait le culte de l'antiquité, l'a mis au rang des Platon, des Aristote, et, chose plus étrange, des Cicéron et des Homère. Pour expliquer un enthousiasme si vif et si général, il faut ajouter au mérite réel de ses ouvrages, la puissance et le charme de son élocution. Jamais l'enseignement n'eut plus d'ascendant et d'éclat que dans la bouche d'Abailard.

Aussi couvrit-il la chrétienté de ses disciples. Les plus avérés sont Bérenger et Pierre de Poitiers, Adam du Petit-Pont, Pierre Hélie, Bernard de Chartres, Robert Folioth, Menervius, Raoul de Châlons, Geoffroit d'Auxerre, Jean le Petit, Arnauld de Bresce, Gilbert de la Porée.

Mais les historiens de la philosophie lui donnent pour disciples, non sans raison peut-être, tous ceux qui, cinquante ans durant après lui, enseignèrent par leurs leçons ou leurs écrits la dialectique et la théologie rationnelle. — Ce qui est certain, c'est que la scolastique, cette philosophie de cinq siècles, ne cite point de plus grand nom, et consent à dater de lui. Ceux qui, dans l'école, l'ont précédé, égalé, surpassé, sont restés au-dessous de lui dans la mémoire des hommes.

L'influence d'Abailard est dès longtemps évanouie. De ses titres à l'admiration du monde, plusieurs ne pouvaient résister au temps. Dans ses écrits, dans ses opinions, nous ne saurions distinguer avec justesse tout ce qu'il y eut d'original, et nous sommes exposés à n'y plus apprécier des nouveautés que les siècles on vieillies.

Mais pourtant il est impossible d'y méconnaître les caractères éminents de cette indépendance intellectuelle, signe et gage de la raison philosophique. Chargé des préjugés de son temps, comprimé par l'autorité, inquiet, soumis, persécuté, Abailard est un des plus nobles ancêtres des libérateurs de l'esprit humain. Que sa vie cependant, que sa triste vie ne le fasse pas trop plaindre, il vécut dans l'angoisse et mourut dans l'humiliation, mais il eut de la gloire et il fut aimé. Après sept cent quarante-deux ans, tous les jours des fleurs déposées par des mains inconnues attestent pour les deux morts la sympathie sans cesse renaissante des générations qui se succèdent. L'esprit et la science d'Abailard auront fait vivre son nom dans les livres ; l'amour d'Héloïse a valu à son amant comme à elle l'immortalité dans les cœurs.

Ouvrages d'Abailard :

Dialectica ;
De generibus et speciebus ;
De Intellectibus ;
Glossæ in Porphyrum ;
In categorias in librum de Interpretatione ;
In Topica Boethii ;
Le livre des sentences ;
Connais-toi, toi-même ;
Si et non.

A voir les autres titres dans Cousin : *Pour servir à l'histoire de la philosophie scolastique de France.* (Victor Cousin).

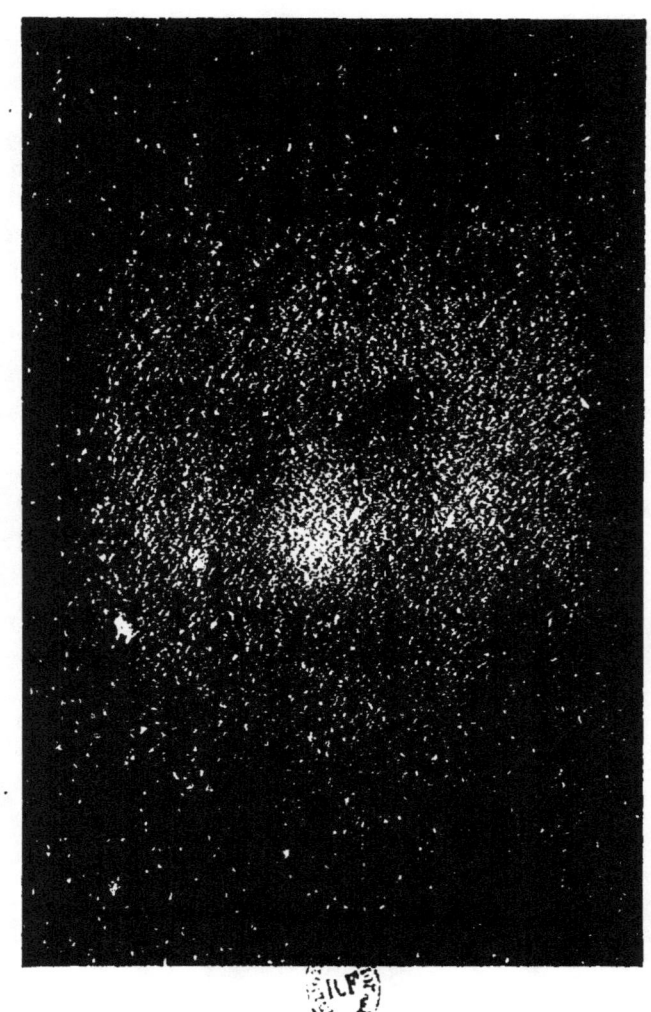

PIERRE DE BÉRANGER, dit ABAILARD

Dessin médianimique

obtenu par F. Hugo d'Alési

ŒUVRE POSTHUME D'ABAILARD

4 octobre 1904.

Séance préparatoire.

D. — Maître, quelle marche allons-nous suivre ?

R. — Les bons architectes commencent par dessiner le plan de la maison : c'est ainsi que nous procéderons, si vous voulez, mercredi prochain. *Omnia bene Deo* (c'était sur la terre la devise du Maître).

12 octobre.

Je jure par le saint nom de Dieu que je suis Pierre (toutes les communications commencent par ce serment). Si vous voulez, maintenant, nous commencerons à travailler.

D. — Mme C. — J'ai la tête prise ; je suis comme endormie.

R. — Tu es sous l'empire de mon influence. Posons les premiers jalons de notre œuvre. D'abord, mes amis, nous devons penser à la table des matières, car je voudrais qu'elle fût en tête au lieu de se trouver à la fin de l'ouvrage. Pour débuter, le préambule ou introduction : cela peut être fait par vous, rien de bien particulier à vous dire, si ce n'est qu'il faudra se borner à un résumé succinct de ma vie, sous le nom d'Abailard, et de mes œuvres principales ; ensuite l'histoire de la manière dont je fus mis en rapport avec Marie.

D. — Vous m'indiquerez, Maître, ce que je dois dire.

R. — Prends pour cela conseil de ton bon sens. Nous pourrions appeler notre travail, — jusqu'à nouvel ordre, tout au moins : « Œuvre posthume du philosophe Pierre de Béranger. Entretiens philosophiques sur la Divinité, sur la sagesse des religions, sur la grande vérité de l'immortalité de l'âme et sur la pluralité des existences ». Faites ensuite une division des chapitres, d'après les données que vous possédez : à Dieu d'abord car Dieu est notre Père et notre créateur.

D. — Maître, vous n'êtes plus dans les mêmes idées que lorsque vous écriviez vos livres.

R. — Oh ! non, et j'en suis bien heureux.

(Une porte ouverte brusquement nous fait à tous trois éprouver une violente commotion. Mme C. en demande le pourquoi.)

R. — Sachez que vous êtes dans un état spécial qui fait de vous des sensitifs.

D. — Qui fera la conclusion du livre?

R. — Moi.

D. — Et pour la couverture?

R. — Je la décrirai en temps et lieu.

D. — Mme de V. — Maître, je la voudrais faite par d'Alési.

R. — Et à qui s'adresser qui soit mieux inspiré par les invisibles?

D. — Vous m'avez dit, Maître, ne pas vous être réincarné depuis 1142. Je trouve à Pascal une grande ressemblance avec vous. Pourquoi dites-vous qu'il ne faut pas connaître ses personnalités antérieures? Je trouve au contraire que cela permet de souffrir sans murmurer.

R. — Si. Plus tard peut-être en saurez-vous davantage; attends. Quand nous en serons là, nous débattrons à fond la question.

D. — Mme C. — Maître, je ne sais pas ce que j'écris; cependant je devine le mot en l'écrivant sans connaître la construction de la phrase; même, si le mot ne se présente pas d'abord à ma pensée, je sens une hésitation dans la marche de la soucoupe.

R. — Cette spécialité provient, ma bonne Blanche, de ce que je puise en toi les éléments nécessaires à la construction de mes phrases, pour cette raison qu'étant accoutumée à écrire, tu as une plus grande facilité à réunir des mots techniques. Quand je m'arrête, c'est qu'il se produit une lacune passagère dans ton cerveau.

D. — Mme de V. — Moi, Maître, je dois ne vous servir à rien.

R. — Ne crois pas cela.

D. — Je voudrais votre portrait à la première page du livre, ce portrait, qui est là, fait par d'Alési ; vous m'avez dit que c'était vous qui le lui aviez inspiré.

R. — Je veux qu'il en dessine un autre plus près de la vérité, de ce que je suis actuellement.

D. — Maître, faut-il vous lire les questions que j'ai préparées cet été, ayant sujet à ce que je compte vous demander sur votre théologie.

R. — Inutile ; je les connais.

La première d'entre elles doit avoir pour objet la raison d'être de tout Etre humain par rapport à Dieu.

M. de L. — Oh ! moi, je ne me suis pas creusé la tête à chercher des questions, pensant bien que Maître Pierre était là pour les formuler.

Mme C. — Moi aussi, j'en ai peu de préparées.

Mme de V. — Et moi qui fais ce travail depuis deux mois ! Alors il était inutile.

R. — Tu as raison, Léon, tu as raison, Blanche, tu as raison également, Marie ; c'est précisément la diversité de votre manière de voir qui forme le tout homogène que je désire, bien que cela vous paraisse une anomalie.

D. — Mme C. — Maître, comme les idées changent ! Je me reporte à ce que j'étais il y a quelques années.

R. — C'est, Blanche, le propre des esprits mûrs pour la grande évolution. Remercie le Seigneur, tu avances.

D. — M. de L. — Dans vos livres, vous ne parlez pas de la philosophie de Lucrèce : Avez-vous sur lui une opinion ?

R. — Mon opinion est que Lucrèce ne savait pas ce que vous savez ; voilà pourquoi il ne s'est occupé que de la matière, toute chose doit venir en son temps. Vouloir aller trop vite ne sert à rien de bon. Ce que vous savez aujourd'hui est bien peu de chose, en comparaison de ce que connaîtra l'humanité de demain : ainsi le veut la loi.

Assez ! Blanche est épuisée.

Mes amis, à mercredi, je vous aime et veille sur vous, ainsi que vos chers Disparus. Ils sont là, tous : ils vous chérissent tendrement et vous envoient par ma bouche l'assurance de leur attachement inébranlable. Bonsoir ! que la paix soit dans vos âmes.

(Le Maître nous donne ainsi presqu'à chaque séance des nouvelles de nos chers Disparus, car le 26 juillet 1904, il nous avait dit :

« Vos amis sont près de vous ; ils vous disent, par mon

intermédiaire, qu'ils vous aiment, qu'ils prient l'Eternel de vous protéger ; ne troublez pas mes forces en les appelant. Sachez que vous êtes sous ma domination absolue, jusqu'à ce que nous ayons terminé. Je vous donnerai à l'occasion des messages de ceux que vous aimez. »

Et depuis cette date, la permission de communiquer avec nos amis de l'au-delà ne nous a été donnée que quelques fois pour de rares anniversaires).

Le 19 octobre.

Je jure, etc., Grands amis, je vous salue en Jésus-Christ.

J'ai dit, mercredi, que notre premier entretien porterait sur la raison d'être de tout Etre humain par rapport à la Divinité. On n'a jamais écrit ni dit la vérité sur la création de l'homme ; je vais essayer de vous en révéler une partie, du moins tout ce qui me sera permis.

Mes amis, vous croyez que votre état actuel est une chose spontanée ou plutôt que vous êtes arrivés d'emblée à l'état humain ? Détrompez-vous ! il a fallu un long processus, c'est-à-dire une série innombrable de transformations pour parvenir au sommet de l'échelle, le long de laquelle gravite tout ce qui vit ici-bas.

M. de L. — Oui, la pierre, la plante, l'animal.

R. — Tu as raison, Léon, rien ne s'accomplit de manière brusque ; l'évolution est immuable et nécessaire en toutes choses, du plus petit au plus grand. La loi qui nous régit est admirable et juste ; le hasard n'est qu'un mot vide de sens, inventé par les hommes dont l'esprit paresseux ou craintif des grands mystères, se refuse à rien voir au delà des choses tangibles et matérielles.

Avant la naissance de la vie sur la planète terre, nos esprits en germe existaient déjà. Dans la suite, je vous parlerai des autres planètes ; actuellement, je veux uniquement m'occuper du pauvre petit globe dont la gravitation dans l'univers a cependant son importance.

Vous êtes déjà bien évolués, vous qui, mécontents de l'existence animale de la brute, cherchez, avec un esprit humble et impartial, où nous allons et d'où nous venons.

Sachez, amis chers à mon âme, que la loi qui régit tout ici-bas, ainsi que l'univers immense, a voulu que l'esprit, flamme minuscule, distraite du grand foyer, fût placée seule et libre, mais ignorante, dans le tourbillon vertigineux, creuset gigantesque où se transforme et s'épure jusqu'à devenir un flambeau éblouissant, le faible lumignon du début.

Mme C. pense : « Pourquoi Dieu nous a-t-il créés, sachant qu'exposés au mal nous pécherions. »

(Cette pensée non exprimée est lue par Pierre.)

R. — Tu voudrais savoir, Blanche, pourquoi la création puisque, par le fait même de son ignorance et de sa faiblesse, l'âme doit fatalement pécher? Cela je n'ai pas le pouvoir de te le révéler. Apprends seulement que rien ne se fait en vain. Les choses, qui nous paraissent les plus futiles à première vue, sont souvent les plus importantes ; accepte, sans en demander plus long, ce que j'ai dit tout à l'heure.

Or donc, Dieu ou bien la Cause universelle nous ayant créés, nous avons d'abord dormi dans la pierre, le minéral; puis, par suite d'évolutions incalculables, cette âme rudimentaire commença à palpiter dans la tige frêle du brin d'herbe ou de l'arbrisseau.

C'est déjà du mouvement, c'est déjà une existence plus complète.

J'arrive à l'animal, auquel il ne manque que l'intelligence pour devenir le plus parfait des êtres créés ici-bas; l'animal, dans ses multiples manifestations, nécessite de longues explications. Je les fournirai mercredi car c'est assez pour ce soir.

A bientôt donc, mes amis. Je vous aime et vous bénis en Jésus-Christ. Que la paix soit dans vos cœurs! Vos amis sont là: ils vous envoient l'expression de leur tendresse; ils vous protègent. *Amen!*

D. — Maître, vous lisez la pensée de Mme C. Vous ne voyez donc pas la mienne?

R. — Si, enfant ! *Pax in æternum*.

(Je demandais quelques mots de latin.)

26 octobre 1904.

Je vous salue en N.-S. J.-C. et je jure, etc.

M™ C. — Vous êtes déjà là, Maître ?

R. — J'attends avec autant d'impatience que Marie l'heure de vous parler.

D. — M™ C. — Maître, j'ai si mal à la tête, et si souvent ! Cela doit-il durer ?

R. — Cela passera bientôt. Quand tu souffres, pense à moi et je te soulagerai.

J'en étais, mes amis, à l'animal. C'est la première forme sur cette terre où l'esprit commence à posséder, d'abord avec l'instinct, une sorte de liberté qui ne deviendra complète et intégrale que dans l'humanité, — j'entends de liberté morale ou libre arbitre absolu.

Donc, l'animal, livré à ses besoins, à ses nécessités impérieuses de reproduction, s'y abandonne sans révolte ; il subit passivement son destin purement bestial, car dans son cerveau aucune pensée, si embryonnaire soit-elle, ne se fait jour.

De grands Esprits sont chargés d'appliquer la loi à ceux qui, n'ayant pas leur libre arbitre, ne peuvent que la subir.

J'ai parlé des animaux vivants tout à fait en dehors de l'homme. J'arrive maintenant à ceux qui sont en contact permanent avec nous ; le cheval, le chat, le chien par exemple, pour nos contrées occidentales et l'éléphant pour les pays orientaux.

Le cheval, contrairement à ce que l'on pense, n'est pas très intelligent ; cependant il reconnaît son maître, il est capable d'éprouver pour lui une certaine affection : par conséquent il y a progrès.

Le chat est très intelligent : mais il est égoïste et perfide, il s'attache au foyer plutôt qu'à son propriétaire. J'en ai assez dit sur ce charmant félin, pour qu'on le connaisse et qu'on le classe.

Somme toute, à part de rares exceptions, seuls le chien et l'éléphant sont les amis de l'homme. Le chien comprend, rien qu'en regardant son maître, s'il est gai ou triste ; il partage sa vie, il souffre et peine avec lui, il l'aide aussi dans son labeur et le suit jusqu'à la mort...

C'est un ami fidèle et discret, un défenseur courageux ; combien de chiens ont donné leur sang pour sauver le maître chéri, l'enfant au berceau. L'instinct, chez cet animal d'élite, revêt souvent l'apparence de l'intelligence véritable ; notez qu'il a déjà besoin d'idéal puisque son maître est comme un Dieu pour lui.

L'idée d'une divinité toute-puissante ne se fait jour

que dans l'esprit humain civilisé ; mais cependant, déjà en germe chez le sauvage avec ses fétiches, elle nous fait comprendre, à nous qui pensons, la force mystérieuse, instinctive, de notre origine.

Obscurément nous pressentons un Etre supérieur, un Maître, ne pouvant, grâce à nos sens grossiers, concevoir une force incréée.

Il faut à l'homme une croyance ; son âme est avide de beauté parfaite, de perfection absolue.

Les Grecs antiques lui ont donné une forme avec leurs immortelles créations artistiques ; ils ne savaient pas que la vraie beauté, la perfection absolue, ne peuvent être périssables comme l'effigie féminine tant exaltée par ces amants de la ligne et de la grâce.

Mes amis, le travail que nous avons entrepris est long ; mais aussi difficile. J'ai besoin de réfléchir, de bien peser chacune de mes paroles, j'ai besoin également de malaxer le cerveau de ma pauvre Blanche pour la familiariser avec des termes qu'elle n'emploie pas journellement.

Il vaut donc mieux ne pas trop faire à la fois et bien faire ce que l'on fait pour n'avoir plus à y revenir ; donc, à mercredi la suite de la question qui est loin d'être épuisée.

Je suis à l'homme, à ses croyances natives, à son besoin impérieux de s'élever au-dessus des contingences matérielles. Nous passerons aux dogmes, pour en arriver enfin à la vérité.

D. — Mme C. — Puisque vous voulez bien, Maître, vous consacrer à cette œuvre, l'idée en vient-elle de Mme de V. ou est-ce vous qui l'avez fait germer en son esprit?

R. — J'ai vu son désir ardent et sa piété pour notre mémoire; alors, avec la permission de Dieu, et aussi parce que ce sera une œuvre utile, saine, un enseignement pour les hommes de bonne volonté, je me suis consacré à cette tâche.

D. — Mme de V. — Maître, vous nous avez interdit toutes communications spirites pendant ce travail; demain 27 octobre, c'est l'anniversaire d'un Esprit que j'aime. Me permettez-vous d'écrire près de sa tombe, comme je le fais les autres années?

R. — Va voir ton ami, ma bonne Marie. A Dieu ne plaise que je m'oppose à l'exécution de ce pieux devoir.

Sache que tu n'accuseras jamais ton Maître d'ostracisme ni de tyrannie. Il aime tous ceux que tu aimes, et t'apporte de l'Au-Delà leur souvenir. Vous êtes bons tous trois; vous avez parmi vous beaucoup d'amis fidèles. *Amen!*

Le 2 novembre.

M. de L., retenu en province, n'assistait pas à cette séance, ce qui fait dire à Mme de V. : Maître, dans une de vos lettres à Héloïse, vous parlez des femmes et vous vantez leur fidélité envers Jésus, disant qu'elles l'ont suivi jusqu'à la mort. Vous voyez, Maître, nous aussi, nous sommes fidèles. Notre compagnon ne l'est pas.

R. — Je suis là, mes chères amies si fidèles. Je jure par le saint nom de Dieu que je suis Pierre.

Il y a certaines choses en effet pour lesquelles les femmes sont plus persévérantes. La passion revêt des formes multiples, or, vous apportez de la passion dans nos réunions.

D. — Maître, pour notre travail, notre réunion est-elle nécessaire, notre trinité, comme vous dites ?

R. — Oui! offrez ce jour à vos amis; nous reprendrons notre travail mercredi. *Pax in æternum.*

Le 9 novembre.

Je jure, etc. Amis chers, je vous salue en Jésus-Christ.

La veille, avait eu lieu chez Mme de V., une séance du médium anglais Peters (médium voyant et à incarnations).

Je suis venu hier au début de la séance, mais le médium n'a pu bien me distinguer; j'espère mieux réussir la prochaine fois.

D. — Mme de V. — Maître, pas à la prochaine. Je n'y serai pas; mais à celle du 22.

R. — Je sais que Marie serait jalouse, j'attendrai donc que vous soyez tous réunis.

Grâce soit rendue au Seigneur qui veut bien me permettre de descendre vers vous pour m'occuper des choses de la terre. J'y trouve un si grand plaisir, que je suis heureux de voir venir le moment de nos réunions.

Je m'attache de plus en plus à vous, amis de mon cœur, et je souffrirai quand il faudra vous quitter. Heureusement que cette collaboration crée entre nous un lien bien fort, et que dans l'espace nous nous retrouverons?

D. — Mme C. — Maître, vous dites descendre près de nous. Au-Delà est donc en haut?

R. — J'entends par là me rapprocher de la terre. Non, à proprement parler, il n'y a ni haut, ni bas; il y a seulement des gradations, une sorte de hiérarchie spirituelle, dépendant de l'état d'avancement moral où l'on est parvenu.

Je pense que nous pouvons reprendre notre travail.

D. — Mme C. — Maître, je me sens passive. Suis-je assez neutre?

R. — Garde ton immobilité spirituelle, Blanche, elle m'est nécessaire.

Je crois que nous en étions restés à l'homme, vivant encore près des animaux sauvages, dont il a conservé certaines tares physiques, et avec lesquels il a de grandes affinités. Cet homme-là est bien près de la brute, et cependant, au cours de sa vie toute matérielle, il a parfois de vagues aspirations vers un idéal qu'il ne s'explique pas, qu'il ne conçoit même pas, mais assez puissant néanmoins, pour lui donner à de certaines minutes la nostalgie de sa patrie originelle ; je veux parler du pays divin où l'âme épurée retourne après ses multiples avatars.

Le sauvage contemple les beautés imposantes de la nature, il étudie les éléments, tantôt favorables, tantôt impitoyables, et il est effrayé de cette puissance terrible qui déjoue avec un malin plaisir tous ses projets.

Alors il pense, autant qu'il soit possible à son cerveau rudimentaire de penser ; il se dit que les éléments sont une force redoutable et consciente, non aveugle, et qu'il la doit redouter. C'est comme un éclair fugitif trouant la nuit sombre.

Cette force inspirant de la crainte, il la divinise, il la flatte par des présents afin de se la rendre clémente. Puis il traduit en grossières effigies son image ; il se prosterne, il adore, et vous serez bien étonnés, mes amis, d'apprendre que la première formule de la prière, ce cri de l'âme enchaînée vers son créateur, provient du balbutiement informe de l'homme primitif, encore tellement voisin de l'animalité.

D. — Maître, il n'y a pas eu alors un premier homme et une première femme, Adam et Ève?

R. — Rien, je l'ai dit déjà, ne se fait par brusques secousses. Tout procède par gradation, dans la nature, comme dans l'Etre créé : c'est un enchaînement ininterrompu, c'est une série inépuisable de transformations ; la cellule organique n'est pas une, bien qu'on l'ait cru ainsi pendant longtemps.

L'ouvrier admirable qui construisit l'univers ne laissa rien au hasard, j'en ai eu l'intuition jadis sur la terre en contemplant une fleur, ces étoiles de vos prairies. Quel génie, quel savant saurait faire naître sous ses doigts une simple marguerite? et cependant on se dit avec orgueil : Je suis un savant, je suis un génie!...

M. de L. tente un commentaire en ajoutant de suite : Mais je me trompe, peut-être.

R. — Ah! mes amis, qu'il est difficile de comprendre! qu'il est plus difficile encore d'expliquer, surtout quand on ne dispose que de moyens aussi restreints!

Si vous étiez près de moi, vous verriez combien Dieu est grand ; mais hélas ! vous êtes liés à la terre, à vos sens obtus ; il faut attendre pour que se déroule à vos yeux éblouis, la chaîne des transformations, avant que vous sentiez la beauté, la nécessité absolue de ce qui vous paraît aujourd'hui inutile et souvent injuste. Toutes ces anomalies apparentes créent cependant l'harmonie.

Mais nous délaissons, il me semble, ce pauvre sauvage avec ses fétiches.

C'est de là, pourtant, que viennent vos temples somptueux, vos cérémonies pompeuses, vos statues d'idoles faites de métaux précieux, ne l'oubliez pas. Nous voyons donc, que le premier sentiment qui anime l'homme rudimentaire après le souci de sa pâture, est un besoin instinctif d'idéal, et une crainte insurmontable des forces aveugles de la nature. Ces forces sont sa première divinité ; mais j'ai dit qu'elles sont aveugles, aveugles et sourdes.

La prière n'est pas exaucée puisque le Dieu n'existe pas ; alors dans l'esprit plus développé de certains, une idée se fait jour. Ils ont vu la faiblesse et la crainte de leurs frères ; cette faiblesse, cette crainte, quoique la ressentant aussi, ils entendent l'exploiter.

Vous comprenez sans peine, mes amis, que je parle du premier prêtre, du premier imposteur, par conséquent.

A la prochaine séance, la suite de la question. Je vous aime, je vous bénis. *Amen !*...

Le 16 novembre 1901.

Je jure etc. : Bonsoir, mes chers amis, je suis heureux de me retrouver parmi vous.

Nous venions de relire la dernière communication, ce que nous faisions toujours en commençant la séance, et Mme C. faisait observer qu'il se trouvait dans les phrases précédentes plusieurs répétitions, et demandait s'il ne faudrait pas les modifier.

Mme de V. était d'un avis contraire, disant que, l'ouvrage terminé, on pourrait consulter le Maître sur cette observation ; mais que les répétitions étaient, au dire de Rémusat, la caractéristique du style d'Abailard ; elle est heureuse de constater cette particularité.

R. — Je pense que Marie a raison : je reverrai mes chapitres quand tout sera fini puisque Blanche est tellement puriste qu'elle ne peut supporter une répétition de mots. (Cette révision a eu lieu).

Mme C. — Oh ! Maître, ce n'est pas une critique : mais j'aime les phrases euphoniques.

R. — Je ne te blâme pas, loin de là, car je comprends le sentiment qui t'anime.

Tu veux que les chercheurs de vétilles n'accusent pas l'auteur invisible de peu soigner son écriture, comme malheureusement beaucoup de prétendues dictées spirites qui semblent avoir été faites par des ignorants. Sois tranquille, tu recevras satisfaction.

Reprenons notre travail.

Faites attention à ce que je vais dire : L'homme, qui dans un but intéressé a tiré parti de son intelligence plus ou verte que celle de ses frères pour les exploiter, est un grand coupable.

D'autres ont péché par ignorance ; lui sait ce qu'il fait, lui connaît le peu de valeur de la marchandise qu'il vend, aussi je le répète, mes amis, le mauvais prêtre sera puni dans la suite des âges. Dieu, qui est cependant l'infinie bonté, pose sur lui son regard courroucé, et veut que le châtiment soit à la hauteur du crime.

Songez combien est déloyal l'ami qui vous embrasse et qui cependant vous trompe ; ainsi était le premier ministre, hélas! ministre de la Divinité, envers son frère plus naïf et plus ignorant, ainsi ont continué à être tous ou presque tous les desservants de tous les cultes ; n'est-il pas juste qu'ils expient durement?

Les cultes, qui les a créés? c'est l'homme. Dieu a mis dans le cœur de sa créature cette simple pensée : sois bon pour tes frères, aime ton père et ton Dieu. Il suffisait à l'homme de se conformer à ces principes pour éviter le mal ; pour éviter ainsi une quantité innombrable de cruelles épreuves.

Malheureusement cela ne suffisait pas aux intrigants de toute espèce dont la terre a été de tout temps peuplée ; alors sont venus les dogmes avec leur cortège de superstitions terrifiantes, bien faites pour troubler le cerveau.

C'en a été fait de toute liberté intellectuelle ; à dater de cet instant, le pauvre Etre humain ne fut plus qu'un jouet dans la main des misérables qui, à l'aide d'un honteux abus de confiance, lui avaient ôté jusqu'à la faculté de penser.

D. — Mᵐᵉ C. — Oh ! oui, depuis l'Egypte, les Indes et nos Papes.

R. — Evidemment car ils se valent les uns, les autres. Oh ! mes amis ! j'ai été prêtre moi-même, mais jamais je n'ai agi contre ma conscience.

Au contraire, j'ai souffert pour ma foi, pour mon amour de liberté, et finalement ils ont triomphé de moi, ils m'ont écrasé. Ne croyez pas toutefois que je parle comme je le fais dans un sentiment de basse rancune ; à cette heure, mon âme n'a plus de fiel : seulement il est grand temps qu'une voix s'élève pour dire enfin la vérité.

Or, la vérité, la voici : c'est le prêtre qui est l'auteur volontaire de l'ignorance où croupit encore l'humanité en emplissant son esprit d'idées fausses, en lui faisant connaître un Dieu vindicatif et cruel au lieu du Père indulgent et d'une inépuisable clémence qu'il est malgré tout.

En agissant de la sorte, il n'a poursuivi qu'un but de lucre et de domination, donc c'est du prêtre que proviennent tous les malheurs, toutes les plaies dont souffre l'humanité ; si la terre est une planète arriérée, c'est à ce mauvais génie qu'on le doit.

Aussi, je le répète, malheur et malédiction sur lui.

Réfléchissez combien votre destinée à tous eût été plus douce, si la terre n'avait pas connu cet agent de discorde.

On se plaint des guerres civiles, religieuses ou étrangères : qui en est l'auteur primordial? toujours, hélas, le prêtre.

C'est lui, je vous le dis en vérité, qui a causé nos maux ; c'est lui qui a divisé les races en créant plusieurs Dieux. Ne sommes-nous pas tous frères, issus de la même souche? qu'importe la forme de notre corps, la nuance de notre épiderme ?

Les choses ont été créées de la sorte, parce que, suivant les altitudes, les climats, il fallait adapter notre forme périssable ; mais notre âme est pareille, elle doit évoluer semblablement avant de revenir à notre Père.

Alors pourquoi ces haines de castes? ces dégoûts les uns des autres?

La loi, mes amis ; mais elle se résume en un seul mot : Amour ! il n'était donc besoin de personne pour l'expliquer, pour la dénaturer surtout.

Si nos aïeux du commencement n'avaient été trompés par leurs mauvais frères, seuls, ils auraient progressé vers le bien, vers le beau ; leur intelligence se serait développée progressivement, normalement. Que de souffrances ils eussent évitées à leurs descendants, à eux-mêmes !

Aujourd'hui le petit globe sur lequel vous gravitez accomplirait sa révolution en pleine harmonie, habité par des Etres bons et doux, tandis que vous vous déchirez toujours en des luttes fratricides, et qu'hélas ! il est loin encore le moment béni qui les verra complètement terminées.

J'ai peu à dire pour épuiser la première question ; mais je veux le dire de manière à vous satisfaire.

A mercredi la fin et le début de la seconde qui portera sur la religion, sur ses pratiques et leur non-nécessité.

Pour marcher vers la perfection terrestre, il me faudra livrer un nouvel assaut à la gent ensoutanée de tous les pays. Que voulez-vous, j'ai pris la résolution de ne rien ménager ; je ne ménagerai donc rien. On dira : c'est une diatribe ; qu'importe si, grâce à cette diatribe, certains connaissent enfin la vérité, le bon chemin qui conduit vers notre Père.

Ainsi je serai suffisamment récompensé. *Amen.*

Le 23 novembre 1905.

La veille, le 22, avait eu lieu, chez M. d'Alési, la séance du médium anglais Peters, séance dont il a été question dans la communication du 9 novembre.

Peters a parfaitement vu l'Esprit Pierre, et le décrit ainsi : « Je vois un moine, qui a eu sur la terre une grande renommée ; il était professeur et prédicateur au Moyen Age. »

Je jure, etc. Je suis venu pour tenir ma promesse, et je suis heureux que Peters ait si bien vu.

Chers amis, je pense que nous devons épuiser la première question ce soir, et ne pas commencer la seconde car vous êtes fatigués de la séance d'hier.

D. — Mme C. — J'ai lu, Maître, dans la *Revue* de M. Delanne, le compte rendu d'une séance où un verre de bière avait été vidé par un Esprit. Ces manifestations ne sont-elles pas dangereuses pour les assistants ?

R. — Tu as raison, ce sont des entités encore dans le premier plan de l'astral, qui peuvent facilement devenir dangereuses pour l'initié maladroit ; d'ailleurs, les réunions ayant pour but la production de phénomènes physiques sont presque toujours dangereuses.

D. — M. de V. — Celles de Politi étaient dangereuses ?

R. — Oui.

D. — Et moi qui désire tant revoir des matérialisations !

R. — Seulement cela dépend beaucoup de l'état d'esprit dans lequel on se trouve ; or, vous êtes animés de telles intentions que le danger pour vous est nul.

D. — Et puis nous sommes protégés.

R. — Surtout cela. (Reprise du travail).

Notez, mes amis, que ma haine des mauvais serviteurs des autels n'est pas aveugle. Je reconnais volontiers qu'il en existe de bons et de convaincus, je déplore seulement que l'intervention du premier d'entre eux ait radicalement changé la surface du globe au point de vue spirituel, car c'est ainsi.

De même qu'il suffit d'un grain de sable pour produire de grands ravages, de même le premier homme, possédé de l'idée fatale de spéculer sur la naïveté de son frère, a jeté toute la pauvre humanité dans un abîme dont il a fallu des siècles pour la sortir, et encore, la lumière commence à peine à se faire.

Enfin, il le fallait ainsi sans doute. Je ne puis pénétrer les vues de notre créateur, je me borne à constater.

Dans le prochain chapitre je veux parler des dogmes multiples de toutes les religions ; je vais donc terminer ainsi.

D. — Mme de V. — Mais, Maître, il y a des pratiques religieuses qui ont leur efficacité. Jésus, par exemple, a établi la communion qui n'est pas pratiquée par un grand nombre, à cause de l'obligation de la faire précéder de la confession.

R. — Jésus s'est borné à rétablir dans sa simplicité grandiose la communion de l'homme avec son Père, la communion de l'incarné avec le désincarné.

Malheureusement, c'était trop simple, trop vrai et trop beau ; il a fallu dénaturer tout cela.

D. — Maître, dans votre vie terrestre vous vous éleviez déjà contre la croyance que la confession effaçait les péchés, disant que Jésus avait donné ce pouvoir à ses apôtres ; mais qu'il n'a pas étendu ce pouvoir à leurs successeurs.

La confession est un acte d'humilité, disiez-vous, le péché n'est remis que par l'expiation.

R. — J'ai dit cela parce que beaucoup de fidèles s'imaginent qu'il suffit d'aller avouer ses fautes à un prêtre, d'en recevoir une légère pénitence consistant en banales oraisons pour être définitivement absous ; combien ils se trompent ceux-là. Et l'expiation, qu'en font-ils ?

La peine du talion n'est pas qu'une vaine image symbolique, elle existe dans cette vie ou bien dans les incarnations futures.

D. — Maître, voyez-vous ce Christ que d'Alési a fait médianimiquement ; est-ce bien son image divine ?

R. — Alési est un grand médium ; il a vu Jésus dans sa souffrance, sa douleur et sa pitié pour les hommes ; c'est ainsi fut un jour Jésus, n'en doutez pas.

Le 1er Décembre

CHAPITRE II

Des dogmes, de leur influence pernicieuse sur l'esprit humain, des ravages qu'ils ont exercés, en enrayant le progrès normal des civilisations, de la nécessité de revenir aux saines et grandes traditions pour s'approcher de la vérité.

Vous avez pu voir, mes amis, par le sujet de nos premiers entretiens, que les dogmes n'ont été que l'œuvre de l'homme.

Jamais Dieu n'a exigé de ses enfants de cérémonies rituelles, de croyances compliquées.

L'orthodoxie est un mot vide de sens, car ce qui est orthodoxe pour les uns est taxé d'hérésie pour les autres.

La multiplicité des pratiques, des articles de foi, n'a servi qu'à jeter la confusion et l'anarchie dans l'esprit humain, cela pour le plus grand profit de ceux qui s'appellent pompeusement des pasteurs d'âmes. L'esprit simple et droit de l'homme primitif, venu sur cette planète pour acquérir des connaissances devant le rendre apte à évoluer plus haut, ne s'embarrassait pas de ces épouvantails que vous appelez dogmes.

Il était en communication constante avec son Père, grâce à l'entremise de bons guides qui plaçaient en lui l'intuition de la vérité, il priait sans savoir ; rien qu'avec une pensée. Il ignorait le péché et l'eût toujours ignoré sans l'intervention néfaste du prêtre. Vous allez voir comment.

Somme toute, quand vous lisez dans la Genèse l'histoire d'Adam chassé du paradis terrestre, vous avez là un symbole transparent : je m'explique.

Après les premiers règnes de la nature : minéral, végétal, animal, l'homme a paru à son tour, sur le globe ; déjà son esprit flottait à la surface, s'identifiant peu à peu, suffisamment mûr pour cette ultime forme d'évolution. Il est arrivé dans l'enveloppe humaine. Le but final était l'évolution par la science : quelques incarnations eussent suffi pour accomplir ce cycle.

Mais malheureusement le mal veillait. Alors à ce bagage s'est adjointe la souffrance, la souffrance amère et purificatrice.

Le mal est immuable, bien que cela vous paraisse monstrueux ; il y a toujours eu deux principes ; par bonheur le mal ne peut être que temporaire, le bien a pour règne l'éternité ; ici le mal s'est personnifié en le mauvais frère dont je vous ai parlé précédemment.

Dans son ingénuité, l'homme rendait hommage à son père sans le connaître ; il se sentait heureux, il remerciait, avec des balbutiements de reconnaissance, le maître de toutes choses.

Remarquez entre parenthèses, que l'instinct de se sentir sous la domination d'un maître est usité chez tout Etre créé. Seulement, ce maître, il le pressentait juste, indulgent et bon.

« Tu te trompes, lui dit l'agent de discorde.(Appelons-le mauvais principe). C'est un Dieu terrible, vindicatif et cruel. Il faut l'apaiser avec des holocaustes, il faut, puisque tu es faible, le duper par la ruse; aie confiance en moi, écoute mes conseils, laisse-toi guider. » Et l'homme ignorant et crédule s'abandonna.

Dès lors, le mal prit possession de la terre, les pires instincts de nos aïeux purent se développer pour leur malheur; la première faute qu'ils commirent fut de se livrer irrémédiablement à l'assouvissement de leurs passions.

(Je referai cette phrase qui est mauvaise la prochaine fois, assez pour ce soir car mon instrument est légèrement faussé, et je n'en joue pas à loisir.

Ma pauvre Blanche, n'aie garde de prendre cela pour un reproche, car je te sais gré au contraire de te prêter si docilement à mon influence, mais ce que je fais n'est guère aisé.) A mercredi, mes amis, il n'y aura pas de migraine et cela marchera mieux. *Amen.*

D.— Mme de V. — Maître, vous avez parlé aux deux amis et pas à moi. C'est moi cependant qui dois être la première dans votre cœur, c'est par moi que vous connaissez Blanche et Léon.

R. — Marie, tu es insatiable ; que demandes-tu ? d'être sûre de mon affection : tu l'es ; de savoir près de toi ton mari : reçois cette assurance. Es-tu satisfaite ? Il n'existe pas de classement ni de hiérarchie affective ici ; ceux qui sont de la même sphère forment un ensemble harmonique et s'aiment tous pareillement. Sache pourtant, Marie, qu'en raison des souvenirs qui m'attachent à toi, ma pensée s'incline plus tendre sur la tienne ; mais tous trois vous êtes mes chers amis et je vous sens avec joie près de mon âme. *Omnia bene a Deo. Amen.*

Le 7 décembre.

Je jure, etc...

Bonsoir, amis, je suis heureux de vous retrouver bien portants ou à peu près. Travaillons :

J'ai dit pourquoi le mal avait paru sur la terre après la première faute de l'homme, j'entends le premier qui ait eu l'abominable pensée de spéculer sur l'ignorance et la crédulité de son frère, pour l'engager dans la voie de la superstition et des pratiques dangereuses qu'elle comporte.

En effet, la superstition c'est l'état de crainte succédant à l'état de confiance.

Prenons comme exemple l'enfant à peine né ; il regarde curieusement autour de lui, tout lui paraît nouveau, il a tout à apprendre et si son cerveau pouvait concevoir l'ensemble de sa tâche, il serait grandement effrayé eu égard à l'énormité de cette tâche.

Tel était l'homme lors de sa première apparition sur le globe.

L'enfant ne sait rien du monde ni de ses contingences ; il est faible, il ignore tout de la famille, des causes qui ont précédé sa naissance, cependant, il sent auprès de lui une atmosphère bienfaisante et protectrice ; le fluide tendre des auteurs de ses jours l'enveloppe.

Ainsi nous étions, mes amis ; mais les fluides malfaisants n'ont pas tardé à produire leur funeste résultat.

Déprimés par l'effroi, les hommes ont subi ces malsaines influences ; étant superstitieux, n'ayant plus confiance en leur créateur, ils devinrent hypocrites, menteurs et lâches, ils devinrent esclaves de leur matérialité, ils perdirent le souvenir de leur origine, le but de leur existence cessa d'être spirituel, c'est-à-dire une progression constante vers le bien, et le Seigneur se repentit d'avoir créé l'homme puisqu'il ne trouvait en lui qu'un fils ingrat.

Sans l'abandonner totalement, ce fils, il le laissa livré à lui-même, à ses propres forces et lui dit :

« Seul tu trouveras ta route, seul tu reviendras vers moi à travers les dures épreuves, à travers la douleur qui sera désormais ta compagne. Je t'avais créé ignorant ; mais tu étais pur ; tu as cédé aux mauvaises forces, à toi de les chasser en t'épurant. Je voulais t'éviter la souffrance, tu m'obliges à la laisser régner auprès de toi. Va, marche ! Je te retrouverai quand tu seras au sommet du rude calvaire. »

Telle est l'image d'Adam chassé de l'Eden.

Le serpent tentateur s'est servi des hommes pour qu'ils soient eux-mêmes leurs propres imposteurs, car en trompant les autres, le premier prêtre ne s'est-il pas trompé lui-même ?

D. — Maître, pouvez-vous nous donner une définition de Dieu ? Une spirite d'un esprit supérieur, Mme Claire G., faisait la même question au curé d'Ars qui lui fit répondre par sainte Philomène : Dieu est le non-égal :

R. — Il est impossible, mes enfants, de définir Dieu. A vos sens imparfaits, il apparaît forcément comme une force ayant une forme anthropomorphe ; or, Dieu n'est ni une force ni une forme, Dieu est l'ensemble de tout ce qui vit, de tout ce qui pense, Dieu est l'immense creuset où s'élaborent les mondes, et cependant c'est une Conscience, c'est la Cause unique, c'est l'Infini ; comment pouvez-vous, chétifs, imaginer l'Infini.

D. — Mme C. — Maître, si Dieu est tout, il est donc aussi le mal.

R. — Dieu est le bien. Le mal, ne te l'ai-je pas affirmé naguère, n'existe que temporairement ?

Telle une lèpre de moisissure sur un mur effrité par les ans, il suffit d'un rayon de soleil pour qu'elle disparaisse. D'ailleurs, mes enfants, s'il vous plaît, n'ayez garde d'oublier que vous ne pouvez approcher que de très loin les grandes vérités.

Sachez que Dieu est votre Père, qu'il est la bonté, la justice et la vérité. Pour vos cerveaux humains, puisqu'il faut un Homme-Dieu, priez Jésus, Jésus par lequel nous serons tous sauvés, Jésus qui est notre intermédiaire, notre protecteur, Jésus qui fut un homme avant de devenir un pur Esprit.

D. — Maître, le mauvais principe, quel est-il ?

R. — Dans tout il existe deux principes : comme être humain, tu es double, tu as l'esprit et la matière ; admets si tu veux que le mauvais principe soit la matière, et le bon, l'esprit. Donc, la matière est périssable, tandis que l'esprit est immortel.

D. — Pourquoi Dieu a-t-il permis le mal, même temporairement. Est-ce ainsi sur toutes les planètes ?

R. — Non, sur des planètes inférieures n'existent que des Esprits inférieurs dont le cycle d'évolution est très restreint ; sur d'autres, l'Esprit est, à ses débuts, aussi parfait que la plus parfaite des créatures terrestres ; le tout concourt à un ensemble qui vous pétrifierait d'admiration si vous pouviez le concevoir.

D. — Est-ce donc pour la terre seulement que Dieu a permis le mal ?

R. — Dieu, qui cependant sait tout, conçoit tout, a permis que ce que vous appelez le mal fût triomphant sur la terre parce qu'il a compris qu'il était nécessaire. Le mal, somme toute, n'est que le commencement du bien.

Assez pour ce soir, à mercredi, mes enfants, je vous aime et vous bénis. *Amen.*

D. — Maître, puisque vous avez parlé du prêtre en général, il me semble que la question que je veux vous faire peut entrer dans ce chapitre. Que pensez-vous de la séparation de l'Eglise et de l'Etat?

R. — Je pense que la France, de même que tous les Etats, marche vers une séparation radicale avec Rome, et ce sera justice, car, aujourd'hui où l'on veut la lumière, la papauté maintient systématiquement l'obscurantisme et l'arbitraire.

D. — La séparation sera-t-elle bonne ou mauvaise?

R. — Cela ne peut être mauvais en aucun cas. Que ceux qui sous prétexte de religion et de principes, se contentent de formules toutes faites, de représentations pompeuses et de pratiques superstitieuses, paient de leurs deniers les desservants de leurs cultes ; cela n'en hâtera que mieux la ruine finale de l'édifice croulant sous l'ignominie du passé.

Qu'ils ont été pervertis les enseignements du divin crucifié, pervertis et mauvaisement appliqués ! Quels sont-ils les prêtres d'aujourd'hui et de jadis qui ont mis leurs actes en harmonie avec leurs sermons ?

Amour, bonté, charité, justice n'ont été, hélas ! que des mots vides de sens pour des affamés de jouissance et de domination ? Aussi leur règne s'achèvera au milieu des huées, et de l'indignation générales.

D. — Oh ! oui, cher Maître, c'est bien vous qui parlez, vous le promoteur de la libre-pensée, vous qui avez toujours eu le courage de vos opinions.

R. — Et j'affirme qu'il en fallait pour oser parler, à l'époque où Pierre Abailard était sur la terre de France.

Le 14 décembre.

Je suis là, je jure, etc. Bonsoir, mes enfants.

Parlons à présent des dogmes.

Ils ont pris naissance lorsque l'homme, renonçant à la voie du bien, se laissa guider par les pernicieux conseils des frères menteurs et fourbes.

Ceux-là prétendirent régner par la crainte et la terreur, ils affirmèrent un Dieu cruel et vindicatif, puis, bientôt, une puissance unique ne leur suffisant plus, ils inventèrent des dieux secondaires, exhortant les faibles esprits humains à leur vouer des sacrifices.

Ces sacrifices consistaient en une multitude de cérémonies variant avec la race, les civilisations, les sociétés instituées.

Ce sont là des dogmes, ma chère Marie, quoi que

tu en penses. Précédemment à la venue du catholicisme ils existaient autres ; ils existaient néanmoins. Avant de parler de ce qui constitue pour toi l'orthodoxie, il faut bien que je synthétise en quelques mots le début initial du dogme proprement dit, sous peine de paraître confus.

Une fois adoptées les cérémonies actuelles, l'homme orgueilleux, pensant qu'il créait un monument éternel, voulut le perpétuer en inventant la légende des dieux.

Cette légende, née dans son cerveau, amplifiée par les générations, devint ce que vous avez nommé depuis un article de foi.

Laissez-moi ajouter que ces légendes, ces sacrifices, ces cérémonies avaient une réelle importance, bien qu'elles ne s'adressassent point à notre Père créateur. Les forces divinisées par la superstition de l'homme étaient les forces de la nature auxquelles s'associaient des Esprits plus ou moins mauvais, dont le règne durait tant qu'une parcelle de vérité ne parvenait pas à percer l'obscurantisme, la confusion et l'anarchie régnant dans les croyances.

En effet, Dieu est si parfaitement bon, que l'avilissement de l'homme devenant trop abject, il suscitait, pour le régénérer, pour le remettre sur la bonne route, de grands Esprits, ou Messies, qui venaient l'éclairer. Cela durait jusqu'à ce que le mauvais principe, une fois encore triomphant, reprît sa puissance malsaine.

L'anarchie, le trouble qu'elle implique, sont plus profitables aux âmes cupides que la belle, la saine et simple vérité.

Pauvres amis, le monde, je veux dire votre globe, a vu se renouveler des milliers de civilisations, conséquemment des milliers de religions et de dogmes divers.

Le continent sur lequel vous habitez, a eu de multiples transformations suivant les indispensables convulsions géologiques : des races innombrables se sont succédé, apportant chacune leur contingent de croyances. Avant l'inéluctable disparition de ces croyances, ayant toutes une origine à peu près identique, quelques vestiges surnageaient, ou bien en s'incarnant à nouveau, un Esprit en apportait la tradition.

D. — Maître, combien d'années compte notre continent.

R. — Plus de dix mille.

Cette tradition se perpétuait, s'amplifiait, s'altérait suivant les influences, pour disparaître au jour de la disparition de la race qui la pratiquait, ou bien se régénérait, ainsi que je vous l'ai expliqué tout à l'heure, par l'arrivée d'un envoyé du vrai Dieu.

Voilà l'origine de ce que vous appelez dogmes ; sachez qu'ils sont l'œuvre de l'homme, par conséquent imparfaits. Sachez qu'ils ont été de toute éternité copiés les uns sur les autres.

Quand eurent passé les premiers âges de l'humanité, qu'il y eut un progrès sensible d'accompli, le fétichisme que pratiquent encore les sauvages, céda la place à des idées plus hautes, se rapprochant, quoique de très loin, de la vérité.

C'est cette parcelle de vérité qui se retrouve dans toutes les croyances ayant un Dieu unique pour objectif, c'est de là que proviennent certains dogmes principaux du catholicisme, et particulièrement cette Trinité qui te tient tant au cœur, Marie. J'en parlerai mercredi ; maintenant, assez. Il ne faut pas vouloir aller trop vite sous peine de ne rien faire de bon.

A bientôt, je vous bénis, en Jésus, *Amen.*

Le 21 décembre.

Je jure, etc. Bonsoir, mes enfants.

D. — Maître, la dernière fois, vous nous avez parlé des Messies ; pouvez-vous nous les nommer ?

R. — Oui, je nommerai seulement les principaux, et ceux qui sont venus à des époques dont il reste encore une trace :

Manou, Brahma et ses succédanés que l'on a appelés ses incarnations ou parties de la Trimourti, Vichnou, Bouddha, Confoutseu, Zoroastre, Moïse, Platon, les grands prophètes de Juda, lesquels, comme David,

Soliman, Elie, Saül, n'étaient que des inspirés ou médiums, Mahomet.

Puis enfin le seul vrai Messie, le plus humble et le plus grand : j'ai nommé Jésus.

D. — Maître, faut-il mettre un h à Brama ?

R. — Si l'on veut.

D. — Maître, Luther a-t-il été un Messie ?

R. — Non, un simple réformateur.

D. — Et Jean Huss ?

R. — Aussi.

D. — En Amérique, y a-t-il eu des Messies ?

R. — L'Amérique du Sud, oui. Quant à l'Amérique du Nord, elle n'a été habitée qu'il y a peu de siècles relativement ; les Indiens ou peaux rouges pratiquent encore la religion de leurs ancêtres, laquelle, à part la communication avec les Disparus, consiste en pratiques ayant pour guide la plus grossière superstition.

D. — Pourquoi l'Amérique du Nord n'a-t-elle pas été habitée plus tôt ?

R. — Parce que le climat y était trop froid.

Remarquez combien la température y est encore pénible, même dans les grands centres habités comme New-York. Je crois qu'au Mexique on trouverait encore la trace de Manou.

D. — Mais Manou était aux Indes, en Egypte. Comment au Mexique ?

R. — Sous d'autres formes, il s'est réincarné plusieurs fois pour la même cause en différentes contrées. Il y avait d'ailleurs, dans la plus haute antiquité, un chemin des Indes à l'Amérique, puis, par suite de cataclysmes, cette route s'est perdue, les sociétés de l'Amérique se sont trouvées isolées jusqu'à l'avènement des conquistadores espagnols, qui ont donné l'essor aux navigateurs ; mais je vous dis là des choses que vous savez aussi bien que moi.

Je veux sans plus tarder vous parler de la Trinité qui préoccupe tant Marie.

Tout à l'heure, en nommant quelques envoyés de notre Père, j'ai prononcé le mot Trimourti, il signifie Trinité ; il est vieux comme la terre, son premier créateur est Manou, le fondateur de toutes les religions ne reconnaissant qu'un Dieu unique.

Trinité, cela veut dire trois principes et non trois personnes : seulement, pour rendre plus compréhensible le symbole, on l'a personnifié en le Père créateur, le Fils ou conservateur, l'Esprit Siva, ou destructeur. Autrement dit, Dieu notre Père, que nous devons adorer, le Fils qui est la vie terrestre, Siva qui est la destruction temporaire indispensable, pour retourner vers Dieu.

Au commencement, c'est ainsi que Manou parla aux hommes, et sa religion était belle parce qu'elle était simple en même temps que le retour aux enseignements de notre Père.

Si les hommes s'en étaient contentés, beaucoup de mal eût été épargné, malheureusement tous ces beaux enseignements furent dénaturés, pervertis, travestis en une multitude de dogmes qui n'eurent pour effet que de transformer la loi divine en une doctrine perverse, flattant les passions, ravalant le pauvre Être humain jusqu'au rang de l'animal le plus grossier.

Je parle pour les pays d'Orient.

Ensuite, je ne vous ferai pas l'historique de toutes les religions, Egypte, Perse, etc., etc., cela serait trop long et cela serait trop la même chose. J'omets volontairement de signaler les religions païennes ou polithéistes ; ce n'étaient pas des religions.

J'en arrive à Jésus et à la doctrine chrétienne.

Il y avait, à l'heure où Jésus s'est incarné, une grande confusion et une grande perversion sur le globe.

Le Seigneur lui dit : « Va, enseigne, à mes enfants aveugles et sourds la vérité, afin qu'ils soient sauvés, c'est-à-dire qu'ils ne croupissent pas plus longtemps dans la fange de leur perversité. »

Jésus vint ; il naquit pauvre, humble, obscur, montrant ainsi l'exemple du mépris des biens terrestres.

Il fut bon, il fut doux, il fut pur, il dit : « Mes frères, vous avez un père qui est votre Dieu ; or, Dieu veut que, pour conquérir son royaume, vous soyez bons, doux, humbles et purs ; aimez-vous, si vous voulez qu'il vous aime ; priez-le, il pourvoit à tout ; ainsi vous reviendrez à lui et vous serez heureux. »

Jésus fit des miracles. Jésus, par sa Passion, institua le règne du bien sur notre planète ; mais le bon grain mit longtemps à germer, et c'est seulement aujourd'hui, après dix-neuf siècles, que la terre commence à progresser vraiment, que l'homme commence à comprendre sa mission.

Lorsque Jésus fut retourné vers notre Père, sa doctrine fut continuée durant quelque temps, affranchie de tout schisme ; mais cela n'était pas du goût des prêtres.

Ils copièrent servilement, en l'adaptant à nos contrées, la religion de Moïse, ils prirent aux dogmes indous ce qui leur parut bon : c'est ainsi que voulant à toute force faire un Dieu de Jésus qui avait dit pourtant : « Je suis le fils de l'homme », ils prirent la Trimourti pour en faire la Trinité : Brama devint Dieu le Père, Vichnou fut Dieu le Fils, et Siva fut le Saint-Esprit. Selon eux, Dieu engendre à la fois le Fils et l'Esprit, c'est absurde.

Autant la Trimourti est significative et claire, indiquant en trois mots l'origine, la vie et ses fins, autant la Trinité est obscure.

Je n'ai point épuisé la question ; cependant, assez pour ce soir. Si vous voulez me parler, je vous écoute.

D. — Maître, avez-vous quelques pratiques à nous conseiller pour le jour de Noël.

R. — Non, c'est une fête gauloise qui n'est devenue chrétienne qu'après la mort de Jésus ; d'ailleurs, Jésus n'est pas né le 25 décembre : c'est la fête du solstice d'hiver que nos ancêtres célébraient en allumant le feu nouveau. D'ailleurs, sous d'autres noms, cette fête s'est célébrée partout, dans la plus haute antiquité.

D. — Maître, vous n'avez pas dit *Amen*.

R. — *Amen*, Marie, méticuleuse. J'aurais dû le dire avant cette dernière conversation, mais vous étiez trop fatigués. Je vous aime et vous bénis en Jésus.

Le 28 décembre.

Je jure, etc... Bonsoir, mes enfants.

D. — M. de L. — La Trimourti étant trois principes, comment Brahma et ses incarnations sont-ils des parties de la Trimourti?

R. — Ce sont des parties de la Trimourti au point de vue dogmatique hindou. Pour moi et en vérité, les incarnations de Brahma ne sont que les incarnations de ce Messie.

D. — Mme de V. — Maître vous avez beaucoup écrit et discuté sur la Trinité : Dieu en trois personnes. Votre comparaison du sceau, de l'airain et de la cire, qui

LE CHRIST

Dessin médianimique obtenu
par F. Hugo d'Alési

peut donner une idée de trois choses distinctes, ne formant qu'un seul tout, vous satisfaisait-elle entièrement ?

R. — Elle me satisfaisait en tant que symbole. En effet, au point de vue ésotérique, la Trinité forme un tout homogène : c'est, je l'ai dit mercredi, la Divinité, la vie terrestre où nous naissons en quittant notre créateur, puis la mort utile et rédemptrice qui nous permet d'embrasser la totalité de nos fautes, et de travailler à notre rachat futur.

D. — Vous disiez aussi : le Père est inengendré, le Fils est engendré et le Saint-Esprit procède du Père et du Fils.

Être inengendré indique forcément une priorité ; il est vrai que vous disiez avec Boèce que le nombre réel n'est pas applicable à la Divinité, mais seulement le nombre intellectuel ; n'aviez-vous pas des instants de doute ?

R. — Ma pauvre Marie, tu comprends bien que j'ai parlé ainsi dans un temps où florissaient la discussion, l'amour de la dialectique, et la plupart des rhétoriciens d'alors, n'étaient pas absolument sûrs des raisons qu'ils donnaient cependant comme un article de foi.

Pour moi, j'ai eu souvent, j'en conviens, des heures de doute, parce qu'alors un Esprit me donnait l'intuition de la vérité ; c'est en ces heures-là que j'en laissais transparaître des bribes dans mes écrits, et c'est pour cela que je fus tellement persécuté.

J'étais venu sur la terre pour y accomplir de grandes choses ; mais je n'avais pas suffisamment mesuré mes forces. Jésus a dit : « Ceins tes reins ». Hélas ! ma bonne volonté, mon ardent désir d'apostolat, sombrèrent devant la plus grande, la plus déprimante passion : l'amour de la chair ne doit pas entamer le cœur de celui qui vient pour régénérer ses frères.

Sans doute il me fallait cette épreuve ; j'aimai et ma mission s'anéantit dans les flammes de cet amour. Ensuite il fut trop tard ; vaincu, affaibli, je ne fus plus qu'une victime ballottée à tous les vents, et je mourus emportant avec moi cette vérité que je m'étais juré, cependant, de révéler aux hommes de mon époque.

D. — M. C. — Maître, il m'est pénible qu'une ridicule histoire soit toujours évoquée quand on parle de vous.

R. — Mes amis, c'est une expiation que le ridicule s'attachant à un nom, je le sais pour en avoir souffert longtemps après mon trépas ; aujourd'hui, entièrement dégagé de la matière, j'en ris, car les hommes sont toujours les mêmes.

Ignores-tu qu'avant de me prêter à cette douloureuse expiation j'avais vécu des milliers de fois. Pour venir à Marie, je prends le nom de Pierre parce que c'est ainsi qu'elle me connaît ; mais parfois, quand je prononce ce nom, il me semble que je parle d'un étranger.

D. — Des milliers d'incarnations. Oh! Maître, c'est à désespérer.

R. — Déjà vous avez parcouru une bonne partie de la route des incarnations terrestres. Sachez-le, mes amis, vous êtes en marche vers la lumière, votre âme s'éveille à la vie éternelle, à la bonne, à la vraie bonté ; réjouissez-vous.

D. — Mais, Maître, pourquoi vous être incarné à cette époque d'obscurantisme où votre mission était impossible à remplir?

R. — Précisément, Marie, il en fut de moi comme de ces inventeurs de génie auxquels il manque pour réussir d'avoir su choisir leur temps et leur milieu ; ils accomplissent un effort immense qui ne leur est pas compté, et ils expirent dans la plus affreuse détresse; tout est à recommencer.

D. — Maître, que signifie cette parole de saint Mathieu :

« Tout péché et tout blasphème sera remis aux hommes ; mais le blasphème de l'Esprit ne sera pas remis aux hommes, et quiconque aura parlé contre le Fils de l'homme, il lui sera remis ; mais s'il a parlé contre le Saint-Esprit, il ne lui sera remis ni dans ce siècle ni dans le siècle à venir.

R. — En principe, sachez qu'il n'existe pas, qu'il ne peut exister de châtiment éternel.

Dieu, dans son inépuisable indulgence, veut laisser même au plus criminel, la faculté du repentir qui est un acheminement vers le pardon. L'apôtre entendait parler de celui qui blasphème contre son créateur ; certes c'est le blasphème par excellence, c'est une sorte de parricide divin ; mais que ce soit dans un temps ou dans un autre, la rédemption doit venir parce que nous devons tous être sauvés.

D. — Maître, vous aviez donc l'idée du spiritisme lorsque vous écriviez : « Dieu peut-il se faire connaître de sa créature, ou bien faut-il que Dieu se manifeste par quelques signes sensibles, soit en envoyant un ange, soit en apparaissant sous la forme d'un Esprit ?»

R. — Ignores-tu encore que l'on a toujours eu l'idée des entretiens avec le monde spirituel ?

D. — Je ne l'ignore pas mais vous, Maître ?

R. — Je l'avais puisque j'étais inspiré.

D. — Mais vous disiez aussi en parlant des prophètes, de la sybille et qu'il ne fallait pas évoquer les invisibles.

R. — C'est le dogme catholique qu'il s'agissait de défendre ; si tu veux relever toutes les contradictions dont fourmillent mes écrits, je ne te suivrai pas, car cela nous mènerait trop loin ; sache seulement que je subis l'influence des hommes d'alors.

De l'obscurantisme régnant, toute liberté était abolie, il fallait être orthodoxe ou périr ; parfois un éclair de raison me montrait la vraie route, je m'y engageais, je parlais selon ma conscience, puis l'esprit d'erreur s'emparait de moi à nouveau et je retombais à mes ténèbres.

Parce que Dieu l'a permis, enfin je puis aujourd'hui dire et enseigner ce qui, jadis, m'eût fait condamner.

Certes, je ne m'illusionne pas sur la portée de cet enseignement d'outre-tombe, ma voix est encore trop faible pour se faire entendre bien loin ; mais n'y eût-il que vous, mes enfants, je serais satisfait. D'ailleurs mon temps reviendra, plus favorable.

En attendant, je vous en conjure, écoutez-moi : si vous voulez vivre selon la volonté de votre Père, affranchissez-vous des dogmes, source d'erreur, soyez simplement bons envers vos frères malheureux ; priez, oh ! priez en toute ferveur et confiance, Celui dont tout émane et vers qui tout revient, il vous aime également et votre appel, pour être entendu, n'a nul besoin de l'assistance plutôt nuisible d'un prêtre, lequel n'est, la plupart du temps, qu'un fonctionnaire salarié, et indifférent.

Laissez aux esprits indolents le soin de se confiner dans une religion toute faite, qui satisfait leurs sens et flatte leur paresse en les dispensant d'un effort.

Que leur importent les enfantillages dont elle fourmille ? Vous êtes, mes amis, animés d'un esprit clairvoyant et chercheur ; cherchez en toute sincérité, vous trouverez, référez-vous par-dessus tout aux enseignements de Jésus.

En quelques mots, le grand, le pur, l'adorable crucifié, n'a-t-il pas résumé la loi et les prophètes ? *Amen.*

D. — Maître, nous permettez-vous de vous demander pourquoi nous avons le si grand bonheur d'être vos secrétaires.

R. — Pourquoi ? Pauvres enfants, tout est d'avance tracé, tout s'enchaîne ; il fallait que cela se produisît de la sorte ; et je ne le savais pas bien moi-même il y a un an.

Vous êtes des instruments inconscients de ma pensée ; mais j'ignore si cet effort portera les fruits que j'en attends. Dieu le permettra peut-être. *Amen.*

Le 4 janvier 1905.

Je jure etc. Bonsoir, mes enfants.

D. — M. de L. — Maître, puisque nous avons, je crois, terminé le chapitre sur la Trinité, voulez-vous nous dire si le signe de la croix qui s'y rattache, a une efficacité, et si vous en conseillez la pratique.

R. — Oui, ce signe est plus ancien que le christianisme ; rappelez-vous le Tau égyptien. Les prêtres catholiques n'ont fait qu'adapter cette formule d'exorcisme à leur définition de la Trinité : le signe de la croix a pour effet de rompre les mauvaises influences ; remarquez que c'est le geste de couper.

Commençons le chapitre suivant. Il me semble que la question des dogmes est épuisée ; en effet, à moins de retomber dans des redites fastidieuses, je n'ai plus rien à y ajouter, sinon que les dogmes sont l'œuvre des hommes, par conséquent imparfaits, périssables et nuisibles à la saine raison.

Pour suivre notre route, il suffit de savoir que notre Père nous a placés ici-bas afin de nous épurer par la souffrance, l'épreuve, le travail, le progrès ou évolution.

Faisons-la donc, cette route, avec confiance, avec courage, sûrs que le bonheur est au bout.

Ce que vous appelez le bonheur sur terre, pauvres enfants aveugles, n'est rien à côté de celui qui attend les âmes parfaites.

Ecrivons, si vous voulez, sur la vie d'outre-tombe, maintenant que nous savons d'où nous venons et où nous allons.

CHAPITRE II.

La vie d'Outre-Tombe.

Grand nombre d'écrivains se sont attaqués à la condition d'existence de l'Esprit après la mort, chacun y apportant ses idées, ses théories et ses conceptions particulières.

Aucun n'a dit la vérité pour la raison bien simple qu'il en est de cela comme de l'idée de Dieu, que personne ici-bas ne peut s'imaginer parce que cela ne tombe pas sous vos sens.

Les uns, les Théosophes par exemple, prétendent que dans l'astral, l'homme désincarné crée, par sa seule volonté, des temples, des palais, des statues, que l'artiste y vivrait en présence de son rêve réalisé ; les autres, s'appuyant sur certaines communications, croient qu'il existe des pays de lumière et d'ombre réservés aux bons ou aux méchants ; d'autres encore admettent la possibilité pour l'Esprit d'un semblant de vie matérielle ; d'après eux, on mangerait, on dormirait, on accomplirait en somme toutes les fonctions de l'homme incorporé dans la chair.

A quoi servirait alors, je vous le demande, le passage appelé mort ?

Certains allant plus loin, ont compté, disent-ils, les sphères où gravitent les Esprits.

Folies pures, utopies, qu'un cerveau parfaitement équilibré ne peut admettre; c'est un peu comme les dogmes religieux, chacun veut être dans le vrai, chacun prétend sa théorie infaillible; tous se trompent.

Moi-même, mes amis, je suis loin de tout connaître ; l'univers est si vaste.

J'entends la radieuse harmonie des mondes, je vois dans sa beauté indescriptible l'œuvre de mon Père, mais je suis loin d'avoir parcouru le chemin en entier.

Or, ce chemin, notre âme doit le suivre d'un bout à l'autre, à l'aide d'une série innombrable d'évolutions, de transformations dont je ne puis vous donner qu'une faible idée.

Prenons comme exemple la terre.

Sur la terre, vous l'avez vu, nous partons de rien pour ainsi dire pour arriver à l'état humain, qui est l'état le plus parfait de la créature ici-bas ; mais quoique homme, il faut, avant d'avoir suffisamment perfectionné notre esprit, que nous effectuions un grand nombre de retours sur la planète.

Une vie ne peut suffire en vérité pour acquérir la somme de connaissances nécessaires. Qu'est-ce qu'une vie de quelques années comparativement à l'éternité ?

Outre les connaissances, il faut vaincre la matière

impérieuse, dominer l'instinct animal à force de volonté, former son cœur, connaître la pitié, la bonté, l'indulgence dans leurs manifestations les plus sublimes.

Sachez, mes enfants, que si vous êtes créés en conformité avec les conditions atmosphériques, la terre, de son côté, est créée pour favoriser l'éclosion des qualités utiles à votre évolution, sur sa sphère.

Il en est ainsi de chaque planète ; mais je ne vous en dirai pas le nombre, car tous vos chiffres réunis ne pourraient l'évaluer.

Assez pour ce soir.

D. — Maître, voici une lettre où on me demande que mes amis de l'Au-Delà veuillent bien m'apprendre s'il est vrai que la France soit menacée de cruelles épreuves ; pouvez-vous le dire ?

R. — Oui.

D. — Faut-il lire la lettre ?

R. — Si tu veux, cela m'est plus facile.

(Lecture de la lettre).

R. — Hélas ! oui, il y aura bien des révolutions, les Etats seront bouleversés dans un temps plus ou moins long ; les anarchistes sèmeront la discorde et le pillage.

L'ouvrier d'aujourd'hui en sait trop et pas assez ; il veut jouir ; on lui enseigne à détester son maître, on proclame l'égalité absolue comme si l'égalité existait.

Attendez donc de grands troubles, mais ne vous alarmez pas trop. En France du moins, la crise n'aura pas le caractère de gravité qui ensanglantera une grande nation ; 93 ne reviendra plus, ici du moins.

D. — Maître, la grande puissance sera-t-elle l'Allemagne ?

R. — Pas l'Allemagne.

Mme C. et Mme de V., ayant été au Père-Lachaize le 31 décembre 1904, demandent au Maître si Héloïse et lui ont reçu leurs fleurs avec plaisir.

R. — Subtilités sentimentales bien dignes du cœur de ma romanesque Marie. Sois en paix, j'étais avec vous ainsi que Michel et qu'Héloïse ; elle envoie à sa compagne de jadis un souvenir tendre. Es-tu satisfaite ? A bientôt ; je vous bénis, mes enfants.

Le 11 janvier 1905.

Je jure, etc. Bonsoir, mes enfants.

D. — Mme de V. — Maître, j'ai lu cet été, sur un temple protestant de Lausanne, ce passage d'un évangile de saint Jean :

« Tu apprendras la vérité et cette vérité te rendra libre. »

J'aime cette promesse ; cette vérité ne serait-elle pas la philosophie spirite, et cette liberté l'affranchissement des dogmes ?

Elle était prophétique puisque les dogmes n'existaient pas en tant que catholiques. Cette doctrine protestante m'attire, et cependant ma conviction est qu'il ne faut pas changer de religion ; je crois que celle choisie avant l'incarnation est celle qui doit mener au perfectionnement.

R. — A chaque page des évangiles tu trouveras des phrases analogues à celle-là ; les disciples de Jésus, initiés par lui, laissaient de temps à autres, dans leurs écrits, transparaître des bribes de vérité.

Quant au changement de religion, je suis de ton avis, il vaut mieux vivre et mourir dans celle où l'on est né ; d'abord cela ne nuit en rien à l'évolution, ensuite c'est toujours avec des raisons sérieuses qu'un Esprit choisit telle ou telle famille.

D. — Maître, étiez-vous là, samedi, quand j'ai lu vos instructions?

R. — Oui et j'ai trouvé pas mal de redites que je supprimerai.

D. — Maître, M. Laurent voudrait préparer des questions philosophiques à vous poser ; le permettez-vous?

R. — Assurément.

D. — Maître, que pouvez-vous nous dévoiler de la vie d'outre-tombe?

R. — La vie d'outre-tombe? que de choses il y aurait à en dire, si l'on savait et si l'on pouvait tout dire.

Malheureusement, mes enfants, je dois me borner.

D'où vient le principe spirituel de Dieu ; du Dieu si grand que, pour parvenir jusqu'à vous, sa pensée vous est transmise par de purs Esprits ou Messies ? où retourne-t-il, ce principe ?

Vers Dieu, Dieu non manifesté.

Nous savons cependant qu'il existe, nous le sentons, car une voix mystérieuse le murmure à notre âme.

D. — Maître, qu'entendez-vous par le principe spirituel ?

R. — C'est notre corps céleste et immortel.

D. — Alors, c'est l'âme.

R. — Oui. Ce que nous ignorons, ce qui nous sera dévoilé seulement à la fin de notre évolution, c'est le pourquoi de cette évolution dans son ensemble.

Nous sommes sur le plan des effets, nous ne connaissons pas la cause primordiale.

Pourquoi cette série innombrable de transformations à travers la matière ? Pourquoi vivre enfermé dans une enveloppe grossière et souffrir de ses tares ?

Je ne suis pas Dieu, hélas ! et je l'ignore comme vous. Je sais seulement que je subis les mêmes lois, je sais que notre planète n'est qu'une infinitésimale partie du cycle immense que nous avons à parcourir, et au delà duquel ce ne sera pas encore le repos.

Voyons, réfléchissez, mes enfants, et vous comprendrez que ceux de l'Au-Delà qui viennent vous parler de ce qui se passe sur l'autre versant du monde ne peuvent vous apprendre grand'chose.

Tant qu'un Esprit n'a pas achevé ses réincarnations terrestres, il reste pour ainsi dire enchaîné à son atmosphère et quand il les a terminées, il s'en va irrévocablement vers le nouveau monde où il doit évoluer ; moi, dégagé de beaucoup de contingences matérielles, je puis parler d'une manière plus élevée, plus générale aussi, vous donner un faible aperçu des grandes vérités ; mais qu'est-ce en regard de la vérité absolue ?

Voilà pourquoi, certains encore imprégnés de leur vie terrestre, et encore impérieusement attachés à la matière, envahis par ce corps du désir dont parlent les sages de l'Inde, viennent dans leurs communications faire briller à vos yeux un mirage qui n'est que l'existence terrestre légèrement déformée.

La vraie vie est la vie de la pensée ; on n'y atteint qu'après s'être radicalement affranchi de son corps du désir.

Pour y parvenir, même ici-bas, il est nécessaire de vivre et de souffrir souvent ; je n'ai pas fini moi-même avec cette terre infime et arriérée.

D. — Oh ! Maître, j'en ai assez de la terre.

R. — Tu n'es pas libre, la loi doit être obéie.

D. — Mais je veux vous revoir et mon cher mari.

R. — Tu nous reverras. Songez que quelques années d'existence ici-bas ne sont rien comparativement à l'éternité ; c'est un rêve fugitif qui se renouvelle des fois et des fois, entrecoupé de réveils à la vie de l'esprit.

Plus on est attaché à la matière, aux jouissances charnelles, plus la vue de l'esprit est bornée ; c'est comme si une lourde chaîne retenait captive l'âme qui s'obstine dans ses regrets et ses désirs inassouvis.

D. — M. de L. — Alors, Maître, il faut se faire trappiste ; cela ne me va guère.

R. — Parce que vous n'êtes pas encore mûr pour l'affranchissement absolu, vous en comprendrez les beautés admirables quand le temps sera venu.

Plus l'esprit se dégage, plus il perçoit de choses ; voilà pourquoi je vous tiens aujourd'hui ce langage.

Sachez qu'il n'est nul besoin des châtiments inventés par quelques personnes, lesquelles, dans leurs relations de la vie d'outre-tombe, copient un peu trop servilement la vie où vous êtes actuellement.

De même que sous vos yeux éblouis s'accomplissent les révolutions astrales dans un ordre immuable, de même, la loi s'accomplit immuablement pour nous ; nous passons d'un état à un autre état insensiblement : le criminel d'hier devient le saint Vincent de Paul de demain.

Durant l'intervalle de ses réincarnations, l'âme, suivant son degré d'élévation spirituelle, subit la peine de ses fautes par le remords, apprend par l'étude ce qu'elle doit encore apprendre ; cela se produit à l'aide d'enchaînements comparables, je le répète, à la révolution des mondes ; puis quand l'esprit est tout à fait libre, qu'il a épuisé la série, il se détache de la planète où il était captif et monte vers une atmosphère plus pure.

Voilà, mes enfants, tout ce que je puis vous dire. Devenez libres et vous en saurez davantage. Je parlerai mercredi.

D. — Mme de V. — C'est la parole de saint Jean ?

R. — Si tu veux.

D. — Pourquoi, Maître, n'a-t-on pas le souvenir de ses incarnations ?

R. — Mes enfants, nous parlerons de cela ; je pars.

D. — Oh ! mon Maître, vous n'avez pas dit *amen* et vous ne nous avez pas bénis.

R. — Est-il besoin, pauvre enfant, de cette formule, rappel lointain de mon existence monacale, pour te persuader que je vous aime ? Oui, je vous aime profondément, avec sérénité, dans la paix infinie que vous connaîtrez un jour.

Alors vous trouverez inutiles, faibles et sans consistance les plus grandes, les plus fougueuses amours terrestres. *Amen.*

Cependant, aimez, dût votre cœur s'en briser ;

l'amour est le seul sentiment qui nous fasse aspirer à l'infini. A bientôt.

Le 18 janvier 1905.

Je jure, etc. Bonsoir, mes chers enfants.

Mme C. dit combien elle est émue de ces séances, si émue que les larmes lui viennent aux yeux.

R. — Ecoute, Blanche, la voix de ton cœur; malgré ta gaieté apparente, n'est-elle pas triste le plus souvent? C'est que tout être incorporé dans la chair regrette le pays divin d'où il est exilé, le pays où n'existent ni trahisons, ni abandons, ni méchancetés, où tout est harmonieux. Plus l'esprit est loin de la brute, plus il ressent cette nostalgie.

Voilà pourquoi, en m'écoutant, vous avez des larmes dans les yeux.

D. — Maître, à la dernière séance je vous ai de-demandé pourquoi on n'avait pas le souvenir des existences passées.

R. — Enfants, se souvient-on des rêves qui hantent vos nuits? Parfois il en reste au réveil un souvenir fugitif, parfois ce sont des événements incohérents que l'on ne peut se rappeler sans rire : la vie dans la chair est un songe guère plus long que vos nuits terrestres.

Prenez-la comme un songe; dites-vous que quand

votre corps repose, vous ignorez où va votre esprit et que cependant vous vivez quand même. A quoi vous sert de savoir le nombre de vos précédentes incarnations et la position sociale que vous avez occupée? Vous arrivez préparés au nouveau cycle, munis du bagage intellectuel et moral acquis précédemment; cela doit vous suffire.

Ces qualités s'épanouissent plus belles, s'augmentent de même que le savoir. C'est comme une moisson que l'homme recueille à chacun de ses retours ici-bas, et chaque fois la terre est plus fertile par conséquent la moisson est plus abondante.

Quand tout le grain a germé, quand l'homme a cueilli, souvent avec de grandes peines, les fruits de la planète, alors il monte plus haut.

Retenez bien ceci : on monte, on monte sans cesse; donc vous êtes sûrs que vous avez fait déjà bien du chemin et que désormais, pour vous la route sera de moins en moins dure.

D. — Mme de V. — Mais, Maître, le condamné à la prison sait la faute qu'il expie. Il me semble que la souffrance sur la terre trouverait plus résignés les malheureux qui sauraient l'avoir méritée.

R. — Qu'ont-ils besoin d'en connaître les détails? le principe est exact voilà tout. Mais s'il fallait se souvenir de ce passé si lourd que chaque homme a derrière soi, le cerveau éclaterait !

Remarquez que les événements contenus dans une seule existence s'effacent graduellement de la mémoire, parce que c'est nécessaire pour faire place aux connaissances nouvellement acquises ; il en est ainsi de la vie de l'esprit qui n'a nul besoin de se rappeler ses premières incarnations ; cela lui serait plutôt nuisible.

D'ailleurs, la plupart de ceux qui réclament en faveur de ces réminiscences, sont des gens désireux de s'entendre dire qu'ils ont été d'importants personnages, et cela les vexerait beaucoup d'apprendre qu'ils ont commencé par croupir dans les plus abjectes formes de l'humanité.

La chose est véridique cependant.

D. — L'Esprit se souvient-il à la mort ?

R. — C'est comme une aube qui se lève, c'est comme un réveil dans un monde familier, après un rêve désagréable.

On embrasse l'ensemble du chemin parcouru, sans toutefois s'arrêter à toutes les étapes dont certaines restent dans la pénombre, il n'en émerge que les points les plus saillants.

Que Léon me questionne.

D. — La vie de l'Au-Delà est-elle pensée, amour ?

R. — Elle n'est que cela.

D. — Pouvez-vous, Maître, nous dire les conditions de la vie dans l'Au-Delà ?

R. — Je vais essayer de résumer pour la prochaine séance une réponse plus claire et satisfaisante ; je pars en emportant vos paroles pour les méditer.

A bientôt, chers enfants, que lundi la séance commence plus tôt, elle sera longue. Je vous aime et vous bénis en Jésus. *Amen.*

Le 23 janvier 1905.

Je jure, etc. Bonsoir, mes enfants.

Le corps matériel une fois détaché de l'esprit, il reste un double fluidique plus ou moins dense, suivant l'état de l'âme proprement dite.

Vous connaissez cela ; les uns nomment cette enveloppe : Périsprit, les autres corps astral, etc., le nom ne fait rien à la chose.

Donc, l'homme a rendu le dernier soupir, il entre graduellement dans le monde réel ; il est dans l'état d'un voyageur qui s'est endormi à Paris et qui se réveille sous l'équateur.

Il ne comprend rien d'abord à ce qu'il voit, puis, peu à peu les ombres se dissipent, ses yeux spirituels semblent s'ouvrir à la lumière de l'Au-Delà... Les ombres se dissipent, et c'est un ravissement ineffable, un soulagement absolu de ne plus se sentir lié à ce corps de chair dans lequel l'âme fut si longtemps prisonnière.

Je parle ici de l'Être déjà avancé et conscient, de celui qui sut que le bien existe, et qui s'appliqua vers la perfection ; l'esprit des hommes dont l'existence ne fut qu'une suite d'actes grossiers, avilissants, l'esprit des criminels endurcis demeure rivé proche la terre, rampant pour ainsi dire à la surface, recherchant de basses satisfactions dans la vue des fautes de ceux qui sont plongés au fond de la bourbe, les inspirant, les obsédant même : ce sont là ces malheureux que vous nommez mauvais Esprits, et dont vous faites sagement de vous garer.

Du reste, ils sont régis par une loi dans le détail de laquelle je n'entrerai pas ; ils n'ont pas mérité encore d'être libres, ils sont esclaves de cette planète, et ne s'élèveront au-dessus de ces fluides malsains qu'après avoir dépouillé leurs scories :

Inutile donc de nous occuper d'eux, pas plus que nous n'avons à nous occuper des animaux. En cet état on fait encore partie intégrante de la terre, on est soumis à des forces quasi aveugles, lesquelles ne font qu'obéir inconsciemment aux lois supérieures d'où dépend la révolution universelle.

Nous prenons l'Esprit moyen, l'homme qui a souffert, qui s'est épuré dans les larmes, qui aspire vers le bien absolu.

Il a souffert des anomalies qui l'ont choqué ici-bas, des luttes pour la vie, de la traîtrise d'autrui, de l'envie, de la méchanceté, il a été froissé dans son âme par tout ce qu'il a vu d'inharmonique sur ce pauvre globe.

Son frère l'a calomnié... il a aimé, il a souhaité l'infini pour y épuiser sa tendresse, et son cœur s'est brisé au contact de l'indifférence, du dédain.

Il aspirait vers des hauteurs merveilleuses, hélas ! ses ailes se sont brisées ; il s'est meurtri aux parois de l'abîme où son rêve s'est englouti...

Il se disait : d'où viens-je ? on lui a répondu : du néant ; il se demandait : où vais-je ? pourquoi ces heures de mélancolie nostalgique ; pourquoi ces regrets inconscients ? Tu retournes au néant, ont répondu les hommes de science.

Jugez de la stupéfaction heureuse de ce pauvre Esprit lorsqu'après sa mort terrestre, au lieu de ce néant dont on l'a menacé comme d'un épouvantail, il voit une lumière douce l'inonder ; il regarde autour de lui et aperçoit des visages souriants. Sa mémoire se ranime et il reconnaît ses amis, ses parents, qui l'accueillent, l'encouragent et le guident.

(M. de L. — Comme tout ce que dit le Maître est consolant ; sa communication va sans doute être encore longue.)

Léon, je ne puis épuiser la question ce soir, tu dois attendre.

Je vous dis au revoir, chers enfants, de mon âme, je vous demeure fidèle, ne craignez rien. *Amen.*

Le 1ᵉʳ mars 1905.

Je jure, etc. Bonsoir, mes enfants; il me semble que vous n'êtes guère pressés de travailler ce soir.

Mᵐᵉ de V. — Si, Maître, moi je suis pressée ; ce sont mes amis qui ne sont pas sérieux.

R. — Je parle en plaisantant. Cette Marie est toujours la même, se targuant de son zèle pour faire paraître plus légers ses amis. Allons, travaillons :

Nous avons laissé l'Esprit à sa première phase, après sa désincarnation, c'est-à-dire quand il s'éveille à sa vie spirituelle et qu'il retrouve pour le guider et le soutenir des amis, des protecteurs.

Je parle, je le répète, de l'Esprit déjà avancé, et non du pauvre Etre encore si près de l'animalité qu'il en a gardé tous les instincts grossiers, lesquels l'attachent pour un temps plus ou moins long à la terre. De celui-là il n'y a point à s'occuper ; il ne s'affranchira et ne deviendra libre qu'après nombre d'incarnations préalables.

D. — M. de L. — Vous parlez, Maître, des incarnations sur terre ?

R. — Oui ; chaque Esprit évolue complètement sur une planète, il en est comme une partie intégrante avant de poursuivre ailleurs le cycle immense destiné à le conduire vers l'état bienheureux.

Donc, comme nous sommes tous quatre encore en

état d'évolution sur la terre, je ne puis parler d'ailleurs. Sache que pendant longtemps et même après les premières incarnations humaines, nous sommes pour ainsi dire un peu de ce globe auquel nous devons emprunter pour vivre tous les éléments qui composent notre corps; plus nous nous développons, plus nous faisons abstraction de la matière, moins nous sommes redevables à cette mère, plus nous sommes libres par conséquent.

D. — M. de L. — Maître, il y a-t-il un nombre déterminé d'incarnations.

R. — Il n'y a pas de moyenne absolue, tout dépend de l'être et de son courage. La seule chose à peu près égale pour tous, le seul processus identique, c'est l'état rudimentaire : je veux parler des transformations obligatoires avant l'humanité.

D. — M. de L. — Je ne veux pas interrompre davantage.

R. — C'était utile et venait à sa place : voilà pourquoi j'ai répondu.

J'ai dit ailleurs que je ne pouvais pas dire grand'-chose sur l'Esprit libéré temporairement de son corps charnel. Pourquoi ? Parce que, outre qu'il est défendu d'en trop révéler, vous ne pourriez saisir mes explications; car, comment avec la langue de la terre, exprimer des actes où ni les sens ni la matière ne jouent un rôle ?

Ceux qui prétendent que notre monde est calqué sur le vôtre profèrent des enfantillages.

La seule vérité qu'il me soit permis de vous apprendre est celle-ci : quand l'Esprit a quitté son corps, après une période plus ou moins longue suivant son genre de mort, suivant ses croyances, il s'éveille peu à peu, comme on s'éveille le matin quand la nuit a été peuplée de cauchemars.

Ce qu'a été la vie terrestre reste dans l'esprit, de même que demeure en vous le souvenir d'un songe désagréable ; on pense à tout ce qu'on a souffert, la meurtrissure en demeure encore douloureuse durant un certain temps.

Vivre ici-bas n'est-ce pas souffrir sans cesse quand on a le cœur accessible aux nobles sentiments, quand on est enthousiaste, vibrant, épris de beauté, de justice, d'équité absolue.

Oui, on souffre par la calomnie, la trahison, l'injustice ; en outre, il faut compter avec les nécessités matérielles et les luttes qu'elles entraînent, luttes où l'on est trop souvent vaincu, surtout quand on commence à ne plus tenir aux choses de ce monde, aux biens périssables.

Hé bien ! où je suis il n'y a plus de ces combats ; l'Esprit n'a plus à s'occuper que de ses progrès psychiques. Les richesses, les satisfactions du globe lui paraissent bien misérables ; il comprend pourquoi, quand il était prisonnier dans le corps, son âme palpitait, frappait de l'aile contre les parois de sa prison, éperdue, avide de franchir d'un vol immense les espaces où son rêve pourrait librement s'épanouir, pourquoi cette âme, nostalgique de sa vraie patrie, a désiré des amours infinies sans le déchirement de la mort et des séparations.

Aujourd'hui lui apparaissent tous les visages aimés de ceux qu'il a perdus et pleurés...

Il comprend alors le grand mystère, la loi sublime qui nous régit, il sait que là où il arrive est la vraie vie, non ailleurs.

Le passage sur une planète durant une incarnation n'est qu'un songe décevant et cruel (il y a quelque chose qui nous trouble ; cessons).

D. — C'est vrai, Maître, je puis à peine appeler les lettres et M. de L. les transcrire ; mais ne nous laissez pas avec de mauvais fluides.

R. — Ne craignez rien ; cela n'est que passager, vous ne transcrirez pas le dernier paragraphe (il a été effacé).

Les conditions excellentes d'abord sont devenues mauvaises par suite de l'arrivée d'un fluide malsain.

Ce fluide est dissipé, cependant je ne puis reprendre, tout est gâté ; d'ailleurs il est trop tard. Bonsoir, mes chers enfants, je vous aime et vous bénis. Vos amis sont là, ils vous environnent de leur tendresse ; allez en paix en Jésus. *Amen.*

Le 8 mars.

Je jure, etc. Bonsoir, mes enfants; allons, terminons ce chapitre.

Donc, mes amis, nous voyons l'Esprit revenu vers sa véritable patrie. Après un passage de quelques années sur la terre, nous le voyons se rappeler peu à peu le passé, retrouver ce qu'il croyait à jamais perdu; alors c'est comme un kaléidoscope; devant lui se précisent tous les souvenirs enfouis au fond de sa mémoire.

Il revoit ses précédents stages ici-bas dans leur ensemble, il constate les progrès accomplis, les connaissances acquises, il revoit enfin l'œuvre en son entier, il se rend compte également, hélas ! des fautes commises et en éprouve du remords.

La seule chose absolument vraie de l'enseignement catholique c'est le jugement dernier, avec cette différence que ce n'est pas Dieu qui juge sa créature, mais l'âme elle-même qui procède au minutieux examen de sa conscience.

Quant aux Esprits trop peu avancés encore, ils sont guidés par des amis plus évolués qui les conduisent sur la voie où ils doivent s'engager.

D. — Ce jugement dernier est le seul ?

R. — Oui.

D. — Après chaque incarnation ?

R. — Oui. De même qu'un bon commerçant établit

tous les jours le bilan de ses profits et pertes, pour me permettre une comparaison vulgaire.

Après ce retour nécessaire vers l'hier à jamais disparu dans la nuit du passé, l'Esprit subit une période plus ou moins longue de repos.

Il n'a nul besoin de se presser, l'éternité lui appartient, le temps lui appartient, le temps n'existe pas ; où nous sommes, nulle limite, aucune durée.

Aujourd'hui, demain, sont des mots bons uniquement pour la terre, et cependant si vous n'aviez aucun point de repère, vous perdriez la raison, ainsi que l'a dit un grand philosophe : Kant.

Voilà pourquoi il est si difficile d'expliquer ce qui se passe près des désincarnés, voilà pourquoi ceux qui nous demandent des prédictions à date fixe sont insensés.

Je terminerai désormais en peu de mots.

Vous voyez à présent comment les choses se passent ; la vraie vie est ici, je le réitère encore, parce qu'ici nous sommes loin des mesquines contingences qui vous absorbent, nous pouvons nous consacrer entièrement à notre évolution spirituelle. De temps à autre notre pensée se reporte vers ce globe où nous avons laissé quelqu'un de cher, nous envoyons un souvenir à l'exilé, nous veillons sur lui autant qu'il nous est possible, nous le recevons quand son heure est venue de nous rejoindre, puis nous préparons l'étape future, nous assemblons les matériaux destinés à composer notre bagage, et quand le moment arrive, tristement, nous reprenons la route de l'ingrate terre.

Allez, mes enfants, il est toujours infiniment triste de revenir en bas, car cela est la vraie séparation, temporaire j'en conviens, mais en est-elle moins cruelle?

Vous pleurez vos morts, vous avez tort. Ils sont près de vous, plus souvent que vous ne pensez; ils vivent d'une vie multiple dans ses manifestations purement psychiques, tandis que vous êtes prisonniers sous votre grossière enveloppe de chair, et que votre âme voit somnoler lourdement la plupart de ses facultés.

Ce sont ceux qui se réincarnent qu'il faut plaindre. Pendant un temps ils seront séparés de leurs amis ; ceux avec lesquels ils se retrouveront en contact, ils ne les reconnaîtront que partiellement, grâce à ce fluide bienfaisant que l'on nomme sympathie, tandis qu'ici nous voyons tous les êtres qui nous sont chers, nous les embrassons d'un regard.

Il n'est ni vivants ni morts, c'est la réunion absolue ; seuls les larmes, les regrets de ceux qui nous croient perdus nous attristent. Espérons qu'avec le progrès de l'humanité, de la science, il sera permis aux êtres de l'autre monde de faire sentir leur présence, la persistance de leur tendresse *post-mortem*.

D. — Maître, quand l'âme prend-elle possession du corps?

R. — Elle n'en prend possession de façon radicale et stricte que longtemps après la naissance : je veux dire plusieurs années.

Seulement dès l'heure de la conception, l'Esprit qui doit revenir veille sur ce germe, s'habitue petit à petit à ce vêtement qu'il va prendre. A part de fugitifs retours vers l'autre monde, il devient habitant de la terre à dater de ce moment.

D. — Alors l'âge de raison : 7 ans, indiqué par la religion catholique, est bien un symbole?

R. — Oui ; jusque-là l'enfant n'est guère qu'un gentil et gracieux animal, entièrement soumis à ses antériorités physiques; sa nature intellectuelle et propre ne commence à s'affirmer qu'à partir de cet instant.

D. — Pourquoi y a-t il des enfants mort-nés et d'autres qui meurent avant l'âge de raison?

R. — Les uns et les autres ne servent qu'à éprouver les parents, l'Esprit n'y est pour rien. En ce qui concerne les fœtus, c'est un accident purement physiologique.

D. — Je croyais que c'étaient des esprits très avancés, qui venaient terminer sur la terre un très petit moment de perfectionnement.

R. — Pas si jeunes. Il faut avoir réellement vécu

pour avoir souffert et par conséquent avoir acquis quelque chose.

Je pense que nous devons, pour le prochain chapitre, nous occuper des conditions d'existence terrestre se rapprochant le plus de la perfection ici-bas.

D. — Maître, pourquoi certains Etres chers ne se communiquent-ils pas?

R. — Je répondrai à cela mercredi ; il faut des développements. Bonsoir, mes enfants.

D. — Maître, vous partez déjà ?

R. — Marie, ne sois pas déçue puisque tu sais que je te vois sans cesse.

D. — Maître, l'autre soir Phaneg a dit vous voir avec une robe brune. Est-ce la robe de Cluny ?

R. — Oui.

D. — Que vous teniez un rouleau de papier : était-ce notre livre ?

R. — C'étaient mes écrits.

D. — Ne partez pas encore, Maître ; je suis comme le pharisien vis-à-vis de mes amis. Vous nous avez défendu de faire du spiritisme avec d'autres que vous, et mardi, chez d'Alési, ils se sont mis à la table ; mais moi, je n'ai pas voulu désobéir.

Comme au Paraclet, je suis votre fille et celle de la chère Héloïse.

R. — Tu veux des douceurs ? sois satisfaite, ma bonne Marie.

Je suis plus touché que je ne puis dire de ton affection et je te la rends avec usure ; mais j'aime aussi mes autres enfants. Sais-tu que Blanche m'est très chère ? bien que des souvenirs anciens ne nous lient pas comme avec toi, et Léon aussi.

Allez, enfants, allez, pauvres exilés, vous saurez combien est grand l'amour de celui que vous nommez votre Maître quand vous serez réunis à lui. Alors vous saurez également ce que c'est que le véritable amour, alors seulement. *Amen.*

Le 15 mars 1905.

Je jure etc. Bonsoir, mes chers enfants.

D. — Maître, combien nous faudra-t-il encore de séances pour le livre ?

R. — Je pense qu'il nous faudra une quinzaine de séances encore pour terminer l'ouvrage, et quelques-unes supplémentaires pour la lecture et les corrections.

D. — Maître, si nous prenions deux jours par semaine ?

R. — Sinon deux jours, du moins trois séances par quinzaine. Puisque vous avez parlé du lundi, mettons un lundi sur deux.

D. — Mme de V. — Je voudrais, Maître, vous parler du baptême ? Cette question, il me semble, doit entrer dans le dernier chapitre ?

Le baptême a-t-il une efficacité ?

R. — Il est absolument facultatif, cela dépend de la foi que l'on a en lui.

Par exemple, lorsqu'il s'agit de prendre un remède, il produit l'effet attendu si l'on a confiance, et l'on pourrait tout aussi bien administrer au malade un peu d'eau pure.

D. — M. de L. — Oh! Maître, je ne suis pas de cet avis.

R. — C'est une question de nerfs tout simplement. Ne te révolte pas Léon ; tous les médecins sérieux conviendront de cela.

Pour un sacrement, c'est la même chose. Si les parents s'imaginent que le baptême doit porter bonheur à leur enfant, qu'ils n'hésitent pas car ils créent ainsi autour du petit Etre une atmosphère bienfaisante ; il en est de même de toutes les cérémonies religieuses, qui attirent des forces bénéfiques quand elles sont célébrées avec conviction.

Sinon, mieux vaut s'abstenir, l'effet produit étant plutôt désastreux.

D. — M. de L. — Mais si le père seul est hostile, qu'il ne veuille pas du baptême malgré le désir de la mère, l'enfant peut-il en ressentir du malheur ?

R. — Non. Rien qu'avec la force de son désir, la mère immunise son enfant.

D. — Maître, à la dernière séance, je vous ai demandé pourquoi des parents et amis peuvent-ils si difficilement se communiquer à nous? Faut-il relire la question faite le 8 mars?

R. — Je la connais. Mon ami, la famille véritable n'est pas constituée suivant la terre; que sont les liens du sang? moins que rien puisqu'ils se dissocient à la mort. Seules les lois de l'affinité psychique ont une valeur, une force réelle.

Donc, ne t'étonne pas si tes parents ne viennent pas communiquer avec toi, tu es devenu un étranger pour eux.

Parfois, quand ils songent à leur dernière incarnation, ils pensent à toi comme on pense à une personne sympathique rencontrée au cours d'un voyage; mais ils ont retrouvé tous ceux avec lesquels ils se sentent en vraie communion; ils sont repris par d'autres attaches, et t'oublient la plupart du temps.

Autre chose est par exemple de ton père, des époux de Blanche et de Marie; à ces Esprits-là, des liens que la mort n'a fait que resserrer vous relient; il y a aussi sans doute entre vous le souvenir d'existences antérieures, d'épreuves subies en commun. Tout cela crée pour l'avenir une suite de rencontres, de rapprochements; ne t'étonne donc pas que ces amis vers lesquels va si souvent votre pensée y répondent par une sollicitude analogue.

D. — M. de L. — J'ai un parent à qui je suis reconnaissant d'un legs ; je prie beaucoup pour lui et jamais je n'ai pu communiquer avec lui.

R. — Cet Esprit s'occupe peu aujourd'hui de questions d'argent ; n'importe, tu fais bien de penser à lui.

D. — Mme de V. — Maître, commençons notre chapitre sur la perfection ; je voudrais tant être parfaite mais combien loin !

Dans tous les cas, je suis humble.

R. — L'humilité qui clame à tous les échos n'est pas l'humilité.

(Merci, Maître, de la leçon.)

Si je voulais vous donner une formule de vie rationnelle, mes enfants, elle tiendrait en quelques mots. Mais il n'y a pas, il ne peut y avoir de règle générale, puisque nous ne sommes pas tous arrivés au même niveau.

Ce qui convient au cénobite, ne peut suffire à celui qui est mêlé à la foule qui s'agite au milieu des passions et des luttes.

En principe il faut, où que l'on soit, dans quelque situation que le destin vous ait placé, il faut se dépouiller entièrement de l'égoïsme, lequel engendre la plupart des grandes fautes de l'humanité.

S'oublier soi-même, ne faire qu'un avec les autres hommes, tel doit être le *desideratum* de tout être aspirant à la perfection et voulant se dispenser de nouveaux retours ici-bas.

Seulement l'égoïsme, mes enfants, est l'instinct le plus impérieux et le moins aisément déracinable. On tient à sa pauvre loque charnelle par-dessus tout : soi d'abord, telle est la loi des meilleurs d'entre vous.

Le plus laid, le plus misérable, le plus infime, se cramponne à l'existence, et cela se conçoit jusqu'à un certain point ; il est si redoutable le passage de cette vie à l'autre ! On ignore ce que l'on trouvera de l'autre côté, on a peur de l'ombre dense que projette la tombe égalitaire.

La mort, c'est le passage de l'obscurité à la lumière éternelle, c'est le revoir de la patrie d'où l'âme était exilée.

Toutefois, qui en est absolument sûr ? Vous-mêmes qui m'écoutez, qui me croyez maintenant, vous seriez remplis de crainte, vous vous diriez avec effroi : qui sait ? si brusquement il vous fallait quitter ce monde.

Et cependant un jour viendra, une aube se lèvera prochainement pour la terre, où ces doutes seront à jamais dissipés ; aube merveilleuse où l'homme se préparera dans la sérénité au grand départ et ne dira plus adieu à ses proches, mais un doux et consolant au revoir. Ce jour-là, l'égoïsme sera bien près de disparaître totalement. Assez pour ce soir.

D. — M. de L. — Le cénobite est-il plus avancé que l'homme qui lutte ?

R. — Cela dépend, je parlerai de tout cela durant le développement de ce chapitre.

A mercredi, mes chers enfants, je vous aime et vous bénis en Jésus, le plus magnifique exemple d'altruisme que ce pauvre globe nous ait donné. Malheureusement. Il est inimitable. Pourtant, les yeux fixés sur sa bonté, sa douceur, sa vertu parfaite, marchons sur ses traces. *Amen.*

Le 22 mars 1905.

Je jure, etc... Bonsoir, mes enfants. Je me suis montré à Phaneg et j'espère que Blanche ne doutera plus.

D. — Est-ce un reproche, Maître?

R. — Je me rends compte de tes justes suspicions envers toi-même, ma pauvre enfant. Je ne t'en blâme pas, au contraire ; tu es assez intelligente pour avoir la foi qui raisonne, et malheureusement dans la plupart des communications dites spiritualistes, il est si malaisé de discerner le vrai du faux, de même que les médiums prennent souvent pour des manifestations de l'Au-Delà ce qui n'est qu'un reflet de leurs propres pensées.

D. — Maître, deviendrons-nous voyants?

R. — Je pense que vos facultés se développeront de plus en plus, sans pouvoir affirmer que vous aurez ceci ou cela.

J'ai terminé mercredi sur l'égoïsme qu'il faut avant tout déraciner de soi-même, si l'on veut s'engager sérieusement dans la voie de la perfection terrestre.

Le déraciner d'un coup c'est tellement difficile, nous sommes tellement liés aux matérialités, que l'on peut dire que la chose est impossible.

Mais à chacune de nos existences, à chacune des séries d'épreuves que nous traversons, nous perdons un peu de ce corps du désir dont parlent les théosophes.

La vie est un laminoir, une dure école qui nous dépouille de nos imperfections.

Chaque fois que nous sortons victorieux d'une souffrance : victorieux, c'est-à-dire quand, au lieu de faire de nous des révoltés et des méchants, la souffrance nous rend meilleurs, plus pitoyables envers nos frères (nous procédons par analogie, et nous plaignons plus sincèrement une affliction qui nous est connue pour l'avoir déjà subie) c'est le commencement de la fin de l'égoïsme.

Oui, mes chers enfants, oui, hélas ! il faut souffrir pour que le cœur s'amollisse, pour devenir possesseur de la bonté dans la plus parfaite acception du mot.

La bonté, c'est l'oubli total de soi-même ; voilà pourquoi tous les grands philosophes placent la bonté au premier rang des qualités nécessaires ; cette bonté, qui de nous peut se flatter de la posséder complètement ?

D. — Maître, en quoi consiste exactement la bonté? Elle ne peut cependant pas aller jusqu'à la bêtise.

R. — Les progrès sont lents ici-bas, la science marche à petits pas, tout se dose par gradations infinitésimales.

Voilà pourquoi, si je répondais à votre question : oui, la bonté pour être absolue, oui, l'égoïsme pour être totalement vaincu, oui, tout cela doit aller jusqu'à ce que vous nommez la bêtise, vous vous révolteriez.

Et pourtant, c'est ainsi qu'il faut être : renoncement, mépris absolu des biens périssables, pureté, telles sont les trois formules principales, et vous ne cesserez vos tristes pèlerinages sur le globe terrestre, et vous n'en aurez fini avec les déchirements des séparations, avec la rancœur des injustices subies, avec tout le contingent d'amertumes que recèle votre planète, que quand vous mettrez radicalement en pratique ces formules.

Je sais bien, mes enfants, que je vous épouvante. Mais ne vous découragez pas, vous y viendrez, vous êtes déjà sur la route. Patience, ce qui vous semble monstrueux aujourd'hui vous paraîtra tout simple plus tard.

Vous avez l'éternité, et l'infinie bonté de Jésus pour vous soutenir, quand la montée du calvaire vous sera trop cruelle et trop rude. Il vous aidera à porter votre croix ; la résignation étant un acheminement vers le bien, soyez résignés.

Si vous placez devant le bébé à peine balbutiant un traité d'algèbre, il n'y comprendra goutte ; si vous vous dites qu'il est nécessaire de parvenir à la perfection durant votre incarnation actuelle, vous reculerez assurément devant l'aridité de la tâche.

Voilà pourquoi tant de malheureux mortels, les mieux intentionnés du monde cependant, s'arrêtent à mi-route, exténués, révoltés même, et perdent ainsi tout le bénéfice de leurs efforts. Qui trop veut faire ne fait rien de bon, il vaut mieux aller lentement et aller sûrement.

Vous en êtes encore à la période où l'on discute, où l'on tient à ces dons qui sont inégalement répartis ici-bas, vous aspirez vers l'harmonie, mais vous ne la comprenez pas.

Il est, pour votre matérialité encore trop ardente, des luttes sans nombre. Vous avez de vagues perceptions de ce qui doit être, mais vous vous découragez en pensant au renoncement absolu, car ce renoncement vous paraît impossible.

Et puis vous êtes, enfants faibles et aveugles, rivés à la passion ; ce grand, ce magnifique mot : amour, signifie pour vous attachement à une créature périssable, alors qu'en vérité il est l'expression tangible de l'attachement à tous : aimez votre prochain comme vous-même.

D. — M. de V. — Maître, le renoncement complet me semble impossible.

On aime le beau, les arts, la musique, la peinture ; comment vivre sans aspirations ?

R. — On verra, on entendra des choses dont tu es loin de soupçonner la beauté, Marie ; vos sens ne perçoivent que le fini, et c'est l'infini que vous admirerez. Assez pour ce soir, à lundi.

D. — Mais, Maître, je comprends cela dans l'Au-Delà ; ce que je trouve difficile, c'est le renoncement sur la terre.

R. — Il existe ici-bas, Marie, des êtres pour lesquels ce qui te paraît indispensable est parfaitement inutile, des êtres qui ont renoncé à tout et qui sont heureux ; ton heure viendra aussi.

Au revoir, mes enfants, soyez calmes, soyez heureux, je vous bénis. *Amen.*

Le 27 mars 1905

Je jure, etc... Bonsoir, mes enfants.

D. — Merci, Maître, de venir ainsi près de nous car Phaneg m'a dit que l'Esprit qui dictait notre livre éprouvait une souffrance en se mêlant ainsi à la terre.

R. — Phaneg est un voyant, véridique dans la plupart des cas.

Il a senti le dégoût profond qu'éprouvent les Esprits dégagés depuis longtemps à se retremper si peu que ce soit dans la lourde atmosphère terrestre.

Recommençons, mes enfants, nos recherches à travers la rude montée vers la perfection, au sens strict du mot.

Je vous ai dit mercredi des choses qui vous ont fait frémir, car j'ai parlé du but final après quoi sont terminées les incarnations ici-bas, et c'était d'ailleurs ce que vous m'aviez demandé ; mais aujourd'hui nous allons revenir en arrière, et voir comment il faut se comporter pour que le passage sur ce globe ne soit pas vain.

La tâche est moins lourde qu'on le croit.

N'oublions pas que nous effectuons une ascension, ascension marquée d'étapes diverses ; sortes de haltes auxquelles l'Esprit se repose, tout en embrassant du regard le chemin parcouru.

Pour avoir accompli œuvre utile, pour avoir augmenté son bagage de bonnes acquisitions, il suffit, mes enfants, d'avoir fait son devoir dans la mesure du possible, et suivant la condition sociale où l'on est placé.

Plus cette condition est élevée, et plus les responsabilités sont lourdes ; il est vrai que l'on n'a que la place proportionnée à ses aptitudes morales et spirituelles.

D. — Tant mieux, Maître, car alors l'intelligence vous place dans les rangs élevés.

R. — Il y a des exceptions, Marie, car il existe des riches peu avancés pour ne pas dire plus, de même qu'il existe des Esprits vraiment supérieurs parmi la classe ouvrière.

Cela tient à une foule de considérations dans le détail desquelles je ne puis entrer ici.

Sachez seulement qu'à titre d'épreuve, un Esprit élevé peut fort bien s'incarner dans une famille misérable, où la lutte pour le pain étant plus âpre il aura d'autant plus à souffrir ; où, par conséquent, s'il sort victorieux de ce combat, il aura davantage acquis en une fois. Il peut se faire également que l'on accepte une mission.

Règle générale, toutefois, on ne recule jamais. Lorsque l'on possède un certain acquis, ce serait folie d'en perdre le bénéfice avec une incarnation inférieure à la précédente.

Je ne parle, bien entendu, qu'au point de vue moral et intellectuel ; la question de naissance ou de fortune ne signifie rien.

Celui qui était déjà instruit, celui qui possédait des connaissances quelconques, artistiques, scientifiques, etc., ne reviendra pas assurément dans le corps d'un ignorant ou d'une brute ; mais il se peut qu'avant de retrouver son savoir, son art, il ait pour son bien, à combattre, et ne parvienne à la notoriété, à la fortune, qu'au prix des plus grands efforts. Ce sont autant de victoires remportées, si, malgré l'adversité, malgré l'hostilité des choses, il a pu, par des moyens honorables, faire son chemin.

Imaginons donc, pour prendre un exemple à votre portée, un Esprit moyen comme je l'ai dit ailleurs, un être qui, sans posséder une intelligence transcendante, un cerveau génial, soit sorti cependant de ce troupeau bêlant qui compose la foule assiégeant les églises, temples, mosquées, pagodes ou synagogues; de ces pauvres *minus habentes*, lesquels, n'ayant ni l'intelligence, ni la volonté suffisantes pour raisonner de manière originale, se contentent de ce qu'on leur enseigne et absorbent, sans chercher à les expliquer ou à les comprendre, les pires absurdités même, et surtout si elles défient la raison.

N'en doutez pas, c'est déjà la preuve d'une réelle évolution que d'être parvenus où vous êtes, vous tous qui vous livrez à des études aussi ardues que celles qui vous préoccupent. Vous cherchez par vous-mêmes, mettant en pratique la parole de Jésus ; votre cerveau veut la logique, vous repoussez ce qui vous paraît normalement inexplicable, vous cherchez avec sincérité et que cherchez-vous ?

C'est d'où vient l'homme, le pourquoi de votre existence, de ses malheurs, le but où il parvient.

Ainsi que tant d'autres, vous pourriez vivre en paix votre vie matérielle, uniquement préoccupés de l'accroissement de votre fortune, de vos satisfactions de vanité, ne faisant pas de mal, mais, somme toute, ne faisant aucun bien ; par conséquent inutiles, sinon nuisibles.

Au lieu de cela, vous vous adonnez à des recherches peu amusantes pour le vulgaire ; il est vrai que vous en tirez de réelles satisfactions, ce n'en est pas moins un progrès.

D. — Sont-ils dans la voie du progrès ceux qui font du spiritisme dans un but futile, pour demander des conseils financiers, voire même, comme je ne puis l'entendre dire sans me révolter, pour s'amuser ?

R. — Ceux dont vous parlez, mes enfants, n'ont guère parcouru plus de chemin que les moutons de Panurge dont je parlais tout à l'heure, au contraire, plutôt moins.

En effet, le dévot convaincu de tout ce qu'on lui enseigne est un petit esprit ; mais il est respectable, tandis que les personnes qui font tourner les tables (comme elles disent), pour en obtenir des conseils matériels ou se distraire, sont bien près d'être coupables. Elles ravalent au rang d'une plaisanterie la chose la plus sérieuse et la plus grave ; elles sont cause qu'au lieu d'avancer comme elle devrait, la science spiritualiste est demeurée stationnaire.

Donc, elles auront à rendre compte de cela.

D. — Oui ; mais ces personnes, si elles se font tort, ne contribuent-elles pas à répandre le spiritisme, et ne sont-elles pas nécessaires à ce point de vue ?

R. — Tu comprends mal ma pensée, Léon.

Ces gens ont tort parce qu'ils ne verront jamais dans

le spiritisme qu'un amusement ; nécessairement il faut bien commencer l'alphabet avant la philosophie.

C'est l'esprit qu'il faut voir ; la lettre tue et l'esprit vivifie.

D. — Mais il y a des spirites qui se disent aidés matériellement par les Esprits ?

R. — Il est toujours mauvais de se faire aider matériellement par l'invisible, autrement dit d'asservir un Esprit à ses besoins.

Demandez aide et protection à Dieu, elles ne vous seront jamais refusées, si vous n'avez pas des désirs incompatibles avec votre état ; mais quelle erreur dangereuse de faire servir un désincarné à la réussite des projets d'existence terre-à-terre, de domestiquer ce désincarné !

Il arrive toujours la réaction fatale, sans parler des mystifications nuisibles entraînant de graves conséquences.

Votre guide spirituel veille sur vous, voit vos besoins, vos aspirations et vous soutient. Ne vous adressez qu'à lui après Dieu.

D. — Peut-on savoir qui l'on a pour guide ?

R. — Vous n'avez nul besoin de savoir son nom, vous êtes gardés tous ; appelez votre guide, cela suffit.

D. — J'ai une amie qui, par un Esprit, a su que dans cinq ans telle chose heureuse devait lui arriver, et cela a été.

R. — Tant mieux pendant que cela réussit.

Vois le danger provenant de l'excès de confiance que ce genre d'Esprits inspire : après avoir été bien conseillé pendant longtemps, on s'émerveille, on se fait un peu l'impression d'avoir à son service un infaillible ami, on écoute religieusement ses conseils, et un jour c'est l'erreur irréparable.

Il est toujours excellent de prémunir les néophytes contre les dangers d'une trop grande légèreté et d'une croyance aveugle.

Ce n'est point, hélas ! un motif suffisant parce qu'un invisible s'annonce au nom de Dieu et recommande, la prière pour que ses conseils soient excellents.

Il faut se dire que nous sommes ici-bas pour cheminer à notre gré et suivant nos inspirations ; par conséquent, nous sommes libres.

Quand il s'agit de questions importantes, il arrive que nous avons des intuitions ; à nous de savoir en tenir compte.

Elles sont toujours bonnes quand elles incitent à ce qui est droit et honnête.

D. — Pouvez-vous, Maître, nous donner un moyen d'éviter l'imposture des Invisibles ?

R. — Il n'y en a pas encore d'absolument sûr.

D. — Le meilleur alors est le serment que vous voulez bien nous faire.

R. — Oui, et puis, mes enfants, de ne pas évoquer

l'Au-Delà à la légère, car ceux qui se livrent à cet exercice avec insouciance, enfantillage ou pis encore, sont des proies marquées pour la mystification.

Allez vers les Disparus avec foi et piété, avec recueillement, et ne les appelez jamais hors de propos. Soyez sérieux en un mot ; ainsi vous éviterez bien des déceptions.

D. — Mais avec les Disparus de notre famille, ne peut-on avoir des entretiens familiers?

R. — Familiers certes ; mais ce n'est jamais qu'en passant, comme un mot plaisant jeté au milieu d'une grave conversation ; il est dangereux d'avoir avec l'Au-Delà des entretiens futiles ou trop matériels.

Les Esprits, même doués des meilleures intentions, ne peuvent guider sûrement dans cet ordre d'idées. Ceux qui vous sont chers ont parfois le pouvoir de vous avertir dans un cas grave, autrement, mes pauvres amis, vous devez vous diriger seuls, et c'est bien là une des principales causes de la défaveur où les savants ont tenu le spiritisme, de le voir servir à tirer la bonne aventure.

D. — Maître, c'est pourquoi il y a si souvent des choses fausses dans les communications spirites.

R. — Souvent, mes amis, les Esprits veulent vous parler d'une chose, vous donner un conseil, et, au moment de communiquer avec vous, une circonstance imprévue les jette dans une sorte de trouble, les paralyse de sorte que leur communication s'en ressent.

Ne les accusez pas d'imposture à la légère, sachez qu'il est nécessaire qu'il y ait un médium de notre côté comme du vôtre. Quand l'instrument est bon de part et d'autre, cela va bien. Sinon, s'il n'y a pas d'homogénéité, rien ne marche car en somme, mes chers amis, les moyens dont nous disposons pour nous mettre en rapport sont encore rudimentaires.

Espérons que bientôt, connaissant mieux les lois, tout ira mieux.

D. — Connaissez-vous ces lois?

R. — Oui.

D. — Nous ne les connaissons pas sans doute, parce que ce serait de l'hébreu pour nous?

R. — Oui.

D. — Arrivera-t-il un temps où l'homme les connaîtra?

R. — Oui. Après l'époque obligatoire de tâtonnement et d'empirisme, viendra fatalement la période scientifique, fertile en grandes découvertes.

Il en est toujours ainsi.

D. — Quelle période merveilleuse! on pourra communiquer avec les Esprits.

R. — Vous y entrez.

D. — Malheureusement, Maître, il y a l'obligation du médium, et cette question d'argent, mêlée au spiritisme pour le médium professionnel, est souvent remplie d'écueils.

R. — Il faudrait pouvoir faire comme les prêtres de l'antiquité qui enfermaient et gardaient dans leurs temples leurs médiums.

Dès l'instant que ceux-ci sont libres, la fièvre du lucre les gagne tôt ou tard, et ils sont perdus ; joignez à cela la vanité, l'amour de la renommée, une gloriole stupide qui les pousse à faire parler d'eux quand même.

Mme C. — Et cependant...

R. — Et cependant, je vois ta pensée, Blanche, il en faut, car peu de personnes douées, et appartenant à une certaine société consentiraient à se produire en public.

Donc, les médiums professionnels sont et seront toujours nécessaires ; mais on en reviendra aux coutumes antiques ; on attachera un médium à un groupe, de même que l'on s'attache une domestique ou une gouvernante.

D. — N'est-il pas à craindre que, pour flatter ceux qui les emploient, les médiums soient incités à la fraude ?

R. — Je parle d'un groupe de personnes, autrement dit une chapelle, une société ayant ses frais d'exercice.

D. — Combien de personnes pour former chaque groupe ?

R. — Cent personnes.

D. — Mais la difficulté serait la composition du groupe, car il faudrait que tous les membres aient la même évolution, et soient du même monde.

R. — Dans un cercle, la présentation est obligatoire : questions de détail, je donne l'idée.

Bonsoir, mes enfants, je vous aime, que la paix soit avec vous.

D. — M. de L. — Le Maître n'est pas parti puisqu'il ne nous a pas bénis.

R. — Léon, tu es formaliste ; soyez bénis. *Amen.*

D. — C'est, Maître, que je crains toujours que vous soyez remplacé par un autre Esprit.

R. — Ne crains rien.

Dieu est bon qui me permet de vous revenir fidèlement et sûrement tant que l'œuvre n'est pas terminée : c'est d'ailleurs pour cela que j'ai défendu d'écrire (spiritement) pendant notre travail.

Le 29 mars 1905.

Je jure, etc. Bonsoir, chers enfants, auxquels je m'attache de plus en plus.

Mes enfants, j'aurai expliqué ma pensée en un seul mot : quand, à force d'épreuves, on en est arrivé à ce degré d'intellectualité qui fait l'homme vraiment libre et maître de ses actes, il lui suffit, pour poursuivre normalement son évolution, d'accomplir son devoir.

Le devoir, tout tient en ce mot, et quand on a la conscience satisfaite, on est certain de l'avoir bien rempli.

N'en doutez pas, la conscience est un juge plus sévère parfois que les juges terrestres : à peine balbutiante chez l'homme primitif, elle grandit jusqu'à devenir redoutable au fur et à mesure des progrès accomplis.

C'est la conscience, vous le savez, qui engendre le remords ; donc, mes amis, qu'au soir de l'existence que vous parcourez à cette heure, il vous soit permis de contempler sans crainte tous les actes qui l'ont marquée ; que vous puissiez vous dire : oui, j'ai failli parfois, mais après chaque chûte, je me suis relevé plus fort.

J'ai vaincu l'instinct bestial, j'ai marché courageusement vers la lumière ; la fin de ma vie est meilleure que ne le fut le début. Par conséquent, mon incarnation n'a pas été vaine, par conséquent, j'ai fait mon devoir.

Alors vous quitterez cette planète sans regrets, alors vous reviendrez vers vos amis, vers ceux qui vous ont précédés dans la paix et la sérénité.

D. — Maître, pouvons-nous faire des questions ?

R. — Je pense que Blanche a raison.

J'ai dit tout ce que je pouvais dire de moi-même,

saut sur les êtres qui choisissent la vie religieuse. A ce sujet, je parlerai.

Qu'on me relise ce que j'ai dit là-dessus pour ne pas faire double emploi (on relit une communication donnée sur ce sujet avant le commencement de la dictée du livre).

R. — Mes enfants, quand j'ai répondu à votre question, ce fut de manière un peu vague et générale car la chose n'était pas destinée au public. Je pense qu'il convient de recommencer.

La vie religieuse, dans tous les temps et dans tous les pays, fut pratiquée par plusieurs genres d'individus : les uns ne sont que des esprits paresseux qui reculent devant tout effort, toute responsabilité personnelle.

A ceux-là sans restriction possible, je répondrai : vous avez tort. Vous êtes venus ici remplir une tâche ; dès l'instant que vous la laissez inachevée, vous êtes coupables.

Mais il existe des Esprits qui se sont imposé la mission généreuse de faire totalement abstraction d'eux-mêmes, de se dévouer au salut de leur prochain par la prière.

On peut se sentir des instincts trop combatifs pour accepter cette existence négative à tant de points de vue ; toutefois, il faut respecter la conviction d'autrui si elle est sincère.

Du reste, je vous ai appris combien la prière a de

force réelle. Donc, ceux qui passent leurs jours en oraisons, non pas murmurées machinalement, mais formulées avec foi et confiance, agissent bien suivant la voie adoptée.

Il existe également une troisième catégorie de religieux : celui que la vie cruelle a brisé, qui a vu sombrer tout bonheur, qui a perdu toute espérance, qui n'aspire qu'au repos définitif.

Il voudrait mourir, mais il sait que le suicide est un crime, alors il s'enferme pour jamais au cloître ; il se souvient, il ressasse ses souffrances, il n'est plus qu'un pauvre Etre désemparé, meurtri... Plaignez-le car c'est une dure expiation de fautes anciennes que celle-là.

Combien plus fortunés sont ceux qui ont la force de rester dans la fournaise !

Le travail, la nécessité créée par les besoins matériels à satisfaire, viennent à bout de toutes les douleurs. On oublie, le temps accomplit son œuvre de nivellement salutaire...

Puor le malheureux enterré vivant sous les murs de son cloître, il n'est pas d'oubli, pas d'adoucissement possible.

D. — Mme de V. — Maître, et tous ces marchands de soupes pour enfants de gens bien pensants ?

R. — Les maisons d'éducation, les orphelinats, ne sont pour la plupart que des écoles d'hypocrisie et d'égoïsme. Commerce avec une enseigne mensongère, voilà tout.

D. — Oh! oui, Maître.

J'ai passé onze ans de ma vie dans deux de ces maisons dont l'une était des plus aristocratiques ; j'y ai souffert du froid et de la faim et, hélas ! M. Combes n'était pas ministre.

R. — Tu as fait souffrir par ta mesquinerie et ton intransigeance. Il est juste que le réciproque t'ait été rendu.

Assez maintenant ; je terminerai mercredi. Bonsoir, mes enfants, soyez bénis, soyez courageux et forts. *Amen.*

Le 3 avril 1905.

Je jure, etc.

D. — Maître, j'ai perdu une amie le 31 mars, et, passant avenue de Villiers à l'heure de sa mort, j'ai cru la rencontrer.

R. — Elle a pensé à toi, et son Esprit t'est apparu.

D. — Que faut-il faire pour elle ?

R. — Prie.

Mes amis, travaillons.

Nous en étions arrivés aux religieux militants, à ceux qui, tout en demeurant soumis à une règle monastique ne sont pas cependant absolument retranchés du monde, par exemple : la sœur de charité, le missionnaire, etc.

Dans le détail il y aurait beaucoup à dire, car autant d'individualités, autant de cas ; mais nous ne pouvons nous étendre trop longtemps sur ce sujet.

A mon avis, la créature qui se consacre au soulagement des malades accomplit œuvre utile et bienfaisante, si elle sait faire son devoir dans la plus large acception du mot. Elle est libre, elle n'a nulle attache, donc elle peut agir sans autre préoccupation que l'exécution de son vœu.

Malheureusement on n'arrive à la vie monastique qu'après un noviciat, et c'est de là que vient tout le mal. Il est de règle que le novice fasse abstraction de sa personnalité, qu'il ne soit plus qu'un des infimes rouages de la gigantesque machine.

Plus d'originalité, plus d'initiative, plus de ces expansions par où se reconnaissent les natures privilégiées ; plus même la faculté de penser librement. Obéissance aveugle, soumission aveugle aux supérieurs, absence totale de toute responsabilité matérielle, et voilà ce qui engendre ces êtres bizarres, enfantins, s'attachant à des puérilités, se passionnant pour de mesquines questions de chapelle, ignorant tout en un mot des réalités de ce monde, des devoirs qui incombent à chaque créature sur la terre.

Quant aux missionnaires en particulier, ce sont des

convaincus et aussi des désabusés la plupart du temps. Ils trouvent la mort très souvent comme récompense à leur apostolat; mais ils ne sont pas à plaindre, car beaucoup d'entre eux n'ont cherché que cela.

Maintenant, mes enfants, deux mots sur les religieux appartenant aux autres croyances. Par exemple, les marabouts de la doctrine musulmane, et les Sages de l'Inde, qui vivent retirés dans la solitude, ne s'occupant que des grandes questions philosophiques.

A proprement parler, sont-ils encore sur la planète? Leur corps, oui; pour ce qui est de leur esprit, il communique constamment avec l'invisible. Ils connaissent les grands mystères, et achèvent paisibles, leur passage ici-bas dans le dédain des contingences matérielles; ce sont des initiés.

D. — Maître, que pensez-vous de l'abbé Loyson?

R. — Comme beaucoup d'autres, cet homme a reconnu le néant des dogmes devant lesquels il était agenouillé, et bravement il a rejeté ce qui lui semblait incompatible avec ses opinions; il a eu un courage que beaucoup devraient imiter.

Mais combien de desservants ayant perdu la foi persistent néanmoins à exercer leur sacerdoce.

Doublement coupables, ils expient doublement. Ce Dieu dont ils nient l'existence, masqué qu'il est à leurs yeux par les doctrines absurdes dont on a faussé leur esprit, se retire de ceux qui ne l'ont pas cherché avec un cœur confiant et humble.

D. — L'abbé Loyson est-il mort?

R. — Non.

D. — Maître, et votre opinion sur sainte Thérèse ? Il y a des spirites qui disent qu'elle est la réincarnation d'Héloïse.

R. — Non : Grande Illuminée.

D. — Et médium?

R. — Oui, fatalement. Douée en outre de la faculté de suggestionner ; voilà pourquoi elle entraînait tant de convictions.

D. — Maître, votre opinion sur Pascal?

R. — Que dire de cet Esprit que vous ne soupçonniez déjà ?

Il fut un des rares privilégiés ayant conscience de la vérité à une époque où cependant on l'étouffait un peu chaque jour. Vivant près de l'autre monde sur l'extrême frontière qui le sépare du vôtre, il était en relation plus directe avec lui.

D. — Maître, il vous ressemble.

R. — Ressemblance possible, mais tu te trompes, ce n'était pas moi.

D. — Je ne dis pas cela, Maître, puisque vous m'avez dit ne pas vous être réincarné depuis 1142.

R. — Même famille d'Esprits.

D. — Maître, avant de se réincarner, doit-on

attendre un certain nombre d'années ou de cycles ?

R. — Cela dépend de l'Esprit et des œuvres qu'il doit accomplir tant sur la terre que dans l'Au-Delà. Il choisit le moment favorable, le temps n'est point un obstacle puisque le temps n'a pas ici de limites. Pour ce qui est des Esprits arriérés, ils reviennent beaucoup plus vite, car ils n'ont pas la possibilité comme leurs frères plus évolués de progresser dans l'erraticité.

D. — Maître sommes-nous tous les trois du même plan ?

R. — La preuve que vous êtes au même niveau c'est que vous sympathisez d'abord, ensuite que, grâce à votre réunion harmonique, nous pouvons obtenir ce que nous obtenons. Dans le cas contraire, ce travail d'ordre aussi intellectuel que psychique serait impossible.

D. — M. de L. — Combien de fois, Maître, sommes-nous venus sur la terre sous forme humaine?

R. — Ah ! mon pauvre ami ! compte les étoiles que ton champ visuel pourra embrasser et si tu le peux, j'en doute, tu sauras ce que tu désires savoir.

Apprenez pour vous consoler que, quoi que vous en pensiez, la plus grande partie de la route est faite.

D. — Mme de V. — Maître, s'il faut se réincarner, je ne demande qu'une chose : c'est d'être toujours spiritualiste.

R. — Quand on a compris la vérité, Marie, on ne peut plus l'ignorer.

D'ailleurs, la terre où s'accomplissent à l'heure actuelle de si importantes découvertes scientifiques, verra bientôt se répandre partout la bonne semence.

A bientôt, amis, je vous quitte ; soyez bénis, mes chers enfants, que j'aime autant que vous m'aimez ; nous nous reverrons, n'en doutez pas. Comment voulez-vous que le lien qui nous unit se rompe désormais ? Il me serait trop dur de me séparer de vous.

Vos autres amis sont là, recevez leur amour ; je vous bénis encore en Jésus. *Amen.*

D. — Maître, voulez-vous que nous fassions une séance vendredi?

R. — Grand merci, je veux bien.

Le 7 avril 1905.

Je jure, etc.. Bonsoir, mes enfants. Grâces soient rendues à l'Eternel. Vous parliez en dînant de l'Allemagne ; il n'y aura pas de conflit avec cette nation.

D. — Il y avait de grandes craintes à concevoir?

R. — Oui.

D. — Oh ! Maître, il faut remercier Dieu car quelle horrible chose que la guerre. Guillaume ne désire pas la guerre ?

R. — Oui et non.

D. — Maître, devons-nous vous faire des questions?

R. — Je pense que désormais c'est à vous de m'interroger.

J'ai dit ce que j'avais à dire, ne pouvant parler que sur des généralités en ce qui concerne les moyens de parvenir à la perfection terrestre; vous qui y êtes encore et connaissez le monde, les lois sociales, etc., pouvez mieux que moi diriger l'entretien.

Questions d'ordre général :

D. — Alors, Maître, voulez-vous nous dire dans quelle mesure les personnes ayant de la fortune doivent donner pour faire leur devoir?

R. — Posséder des biens ici-bas confère de grandes responsabilités et je serais presque tenté de dire : Bienheureux ceux qui n'ont rien, si la lutte n'était pas si âpre.

Notez que je ne veux pas prêcher le dépouillement absolu : il est des Êtres si grands qu'ils dédaignent toutes les richesses, et donnent ce qu'ils ont, préférant vivre dans la solitude et la pauvreté; il faut sentir cela et l'on ne sent de la sorte que lorsqu'on a suffisamment vécu.

Donc, prenons pour rester dans la moyenne, des

Esprits conscients de leurs devoirs, et souhaitant faire pour le mieux, sans toutefois tomber dans le mépris total de la fortune et des jouissances qu'elle procure.

Le bon riche est utile à la majorité, car il favorise l'extension des diverses branches industrielles, et par conséquent fait du bien indirectement.

Je crois que si tous ceux qui possèdent un revenu en distribuaient bénévolement eux-mêmes la dixième partie, il y aurait beaucoup moins de malheureux.

D. — Maître, c'est ce que disait saint Pierre, et l'histoire d'Anasias le confirme.

R. — Oui.

D. — Ceux qui thésaurisent pour leurs enfants, et pour augmenter leur héritage font-ils bien ?

R. — Je vous répondrai hardiment, non. Il faut élever ses enfants dans la simplicité, l'humilité, et la sympathie envers les malheureux.

Ceux qu'aveugle leur amour paternel à ce point, commettent une faute grave. Ils obéissent à ce sentiment mesquin de la perpétuité de la race, ne pouvant supporter l'idée qu'après eux leurs continuateurs seront amoindris.

Qu'est-ce qu'un nom ? Qu'est-ce qu'un titre ? pas même la poussière en quoi se résorbe notre corps.

Donnez donc à vos enfants une éducation solide, armez-les pour la lutte afin qu'en cas de malchance ils puissent gagner leur pain ; assurez-leur au besoin une somme proportionnée à vos ressources : ainsi vous agirez sagement ; ainsi vous aurez fait votre devoir en ce qui vous concerne, et aurez rendu à ceux qui vous doivent la vie un immense service.

Si tant de malheureux, à l'esprit faussé par les idées modernes, n'escomptaient pas ouvertement l'héritage paternel, parce qu'ils ont toujours entendu dire : ceci est pour toi, il y aurait beaucoup moins de mauvais fils.

Je veux parler de l'héritage :

L'héritage, mes enfants, est une monstruosité, parce que c'est une inégalité criante. S'il est équitable que celui qui a travaillé recueille le fruit de son labeur et en jouisse pleinement, il est profondément injuste que des enfants n'ayant eu que la peine de naître, reçoivent cette fortune, et en fassent la plupart du temps un déplorable usage.

D'abord, c'est la diminution forcée, pour ne pas dire l'abolition du respect filial. Autrefois, on avait plus de décence, peut-être aussi davantage d'hypocrisie ; mais aujourd'hui le scepticisme règne sans conteste ; du plus petit au plus grand on souhaite sans se gêner la mort de ceux qui n'ont eu d'autre préoccupation que votre bonheur, d'autre objectif que de vous faire une existence heureuse et choyée ; on trouve au besoin qu'ils vivent trop longtemps ; on est avide de la posséder à son tour, cette fortune tant convoitée.

Que de crimes ignorés, que de sombres drames ! cet argent maudit engendre chaque jour. Il ne devrait être cependant qu'à celui qui l'a légitimement gagné.

Je sais bien qu'en parlant de la sorte je prêche aux yeux de certains l'anarchie ; je sais bien que la constitution actuelle des lois sur l'héritage sert à conserver la richesse d'un Etat, et qu'on peut me répondre que la dipersion des biens familiaux, leur retour à la collectivité entraînera fatalement l'appauvrissement de tous.

Oui, parce que ces choses sont trop belles et trop simples pour être comprises, admises, appliquées sagement.

Mais le temps prédit par Jésus viendra, n'en doutez pas ; l'humanité grandie, renseignée, se dépouillera de ces idées mesquines qui florissent plus que jamais aujourd'hui. Malgré ce qu'en pensent et en disent certains, il viendra le temps de la vraie vérité ; chacun, conscient de son devoir, de sa mission, travaillera pour soi en travaillant pour tous.

Ce sera le règne de la fraternité dans la plus belle acception du mot : le fort soutiendra le faible. Plus de sot orgueil, qu'importent tous les ancêtres, les faits glorieux où ils se sont illustrés ?

Chacun ne sera responsable que de ses actes, ne sera tributaire que de ses obligations personnelles ; de même qu'il est profondément injuste d'abreuver de honte imméritée le fils d'un criminel, de même il est absurde et ridicule de juger quelqu'un d'après le plus ou moins d'ancienneté de son ascendance.

Combien de preux n'ont engendré que des sots, des inutiles et des méchants ; à chacun selon ses œuvres et rien que selon ses œuvres.

D. — Maître, sera-ce dans longtemps ce temps prédit ?

R. — Hélas oui !

Assez ce soir. Bonsoir, à mercredi. Je vous quitte, chers enfants ; mais non pas sans vous répéter combien je vous aime et à quel point vous m'êtes chers tous trois. Marie, ne te plains pas, tu es privilégiée. Vos amis se rappellent à votre souvenir ; pensez à eux, chérissez leur mémoire, ils vous bénissent, ils vous protègent avec moi. *Amen.*

D. — Maître, mon ami Michel est-il toujours là ?

R. — Les seuls qui vous soient attachés au delà de ce monde au point de vous rester fidèlement dévoués, de vous attendre, ce sont vos compagnons, Blanche et Marie ; c'est ton cher père, Léon.

D. — Et vous, mon bon Maître ?

R. — Moi je vous resterai assurément ; cependant, une fois ma mission accomplie, je serai pris par d'autres travaux et vous reviendrai moins souvent.

Ne crains rien, Marie, cela ne veut pas dire oublier ; à bientôt.

Le 12 avril 1905.

Je jure, etc. Bonsoir, mes enfants.

D. — Maître, faut-il vous lire tout haut la première question de M. Laurent ? (1)

R. Je préfère, non à cause de moi, mais n'oubliez pas, mes amis, que nous sommes par exemple chacun à une extrémité de la terre et reliés uniquement par un fil téléphonique.

Si on ne parle pas, je ne puis répondre, la lecture de pensée ne peut guère se faire avec plein succès qu'entre personnes dans le même état de vie ; nous ici, nous nous pénétrons sans le secours de la parole ; toutefois, n'allez pas imaginer qu'aucune de nos pensées ne puisse nous appartenir en propre ; mais cela nous est plus commode de connaître nos pensées réciproques, qu'à vous qui êtes prisonniers dans la chair.

D. de M. Laurent. — On a objecté au conceptualisme d'Abailard que cette doctrine, sur la na-

(1) Ce Monsieur, qui s'est occupé de recherches psychiques, notamment avec le colonel de Rochas, et qui est un éminent professeur de philosophie, désirait poser à notre guide quelques questions philosophiques portant sur les théories d'Abailard durant sa vie au Moyen Age. C'était, ce qu'en terme vulgaire, on nomme : une colle, afin de constater si le subconscient des médiums n'était pas seul en cause.

ture des universaux, ne résolvait pas la difficulté du problème, mais seulement la dissimulait. Que pourrait-on répondre à cette objection ?

R. — Qu'est-ce que cela? des subtilités auxquelles je veux bien répondre pour être agréable à ton ami, Marie; mais quel intérêt cette question peut-elle avoir aux yeux de ceux à qui ton ouvrage est destiné?

D. — Je la regarde, Maître, comme une preuve d'identité, car pas un de nous trois n'en connaît le premier mot.

R. — Si tu tiens à une réponse, attends; j'ai besoin de réfléchir.

D. — Pendant que vous réfléchissez, Maître, pouvons-nous causer?

R. — Je ne répondrai pas ce soir (la soucoupe ne marche plus pendant un moment). Adorez Dieu.

D. — Maître, pourquoi dites-vous cela? Se passe-t-il quelque chose dans l'Au-Delà où sur la terre en ce moment?

R. — Oui.

D. — Une catastrophe ou un crime?

R. — Non. Séance manquée; vous saurez bientôt pourquoi.

D. — Quelque chose qui va nous frapper personnellement?

R. — Non. Priez pour ceux qui font le mal.

D. — C'est une chose générale?

R. — Oui.

D. — Mais ce n'est pas grave puisque vous dites, Maître, que ce n'est ni une catastrophe ni un crime.

R. — Je n'ai pas dit non.

De graves perturbations sont imminentes et leur répercussion nous trouble. Je n'en peux dire davantage, ne me retenez pas, pardon. Adieu.

D. — A lundi alors, Maître.

R. — Oui.

Lundi 17 avril 1905.

Ah! mes amis, quels événements! Priez! priez pour que Dieu détourne sa colère.

D. — Maître, je ne comprends pas que vous parliez de la colère de Dieu ; nous, des atomes, comment pouvons-nous arriver à provoquer la colère de Dieu?

R. — C'est, Marie, la phrase consacrée ; tu as raison. Tout ce qui se passe est nécessaire ; mais en descendant sur le plan terrestre, et sentant les troubles qui convulsent votre pauvre planète, je retrouve mes sensations et mes terreurs d'homme, tandis que je devrais être dans la sérénité.

D. — Maître, vous n'avez pas juré que c'était vous.

R. — Oui, je jure, etc.

D. — Les évènements seront donc plus terribles que ceux qui se déroulent depuis six mois?

R. — Je vais vous dire : maintenant, je me rapproche davantage de vous réellement, et subis plus vivement les impressions de l'astral qu'il me faut franchir pour parvenir jusqu'à vous. Or, l'astral, vous le savez, est une sorte d'atmosphère où se reflètent pour ainsi dire les actes de la planète.

Cette année est fertile en graves perturbations, ce n'est rien dans l'univers, c'est énorme pour vous; voilà pourquoi, mes enfants, je suis troublé et pourquoi ce trouble se répercute en vous avec qui je suis relié étroitement aujourd'hui (nous avions dit tous trois en nous revoyant combien nous avions été tristes cette semaine).

D. — Mais ces perturbations vont-elles être plus fortes prochainement ?

R. (1) — Je vois, mes enfants, des troubles de toute nature, troubles sismiques provoqués par les vapeurs du soleil et le dégagement anormal des gaz, troubles humains, révoltes ouvrières, politiques, troubles sanglants à cause de la religion, enfin troubles très graves là-bas où depuis plus d'une année on se bat.

Ceux-là n'ont pas fini ; voilà un peuple qui se transforme et malheureusement cette transformation ne peut s'opérer pacifiquement.

D. — Maître, de quel plan êtes-vous ?

---

(1) Ainsi qu'on peut se rendre compte, en faisant le bilan de 1905, toutes ces prédictions se sont malheureusement réalisées.

R. — Du plan qui se nomme dans votre langue, le plan spirituel.

D. — Quels sont les plans au-dessus ?

R. — Le plan spirituel est celui où se meuvent les âmes en ayant terminé pour un temps du moins avec les contingences terrestres, il comporte une infinité de degrés ; au-dessus se trouve le plan divin également divisé en nombre de gradations.

D. — Le plan spirituel est alors très au-dessus du plan astral ?

R. — Très au-dessus.

D. — Quel autre point y a-t-il entre le plan astral et le plan spirituel ?

R. — Ne vous attendez pas à ce que j'en établisse le nombre ; mais il saute aux yeux qu'avant le plan spirituel se trouve la place des Esprits que la terre attire et retient.

D. — Y a-t-il des Esprits dans l'astral ?

R. — Rappelez-vous donc les définitions suffisamment exactes de certains initiés ; l'astral est une sorte de miroir où se reflète tout ce qui existe ici-bas : la reproduction fluidique des plantes, des minéraux, des animaux, etc.

D. — Ce que disent les occultistes de l'astral est-il exact ? Est-il vrai que les événements s'y inscrivent, non seulement les événements passés, mais encore les événements en gestation et qui quelquefois n'arrivent pas ? Voulez-vous nous expliquer le mécanisme?

R. — Il est des événements dont la marche est fatale, d'autres que l'on peut conjurer par suite de grandes influences mises en œuvre.

Ecoute, Léon, rappelle-toi certaines phases de ta vie et non des moins importantes, qu'une circonstance fortuite, d'aucuns diraient providentielle, a modifiées; c'est qu'ici quelqu'un a prié pour toi et tu fus épargné.

Du plus petit au plus grand il en est de même; il existe des phalanges d'Esprits élevés, puissants, qui protègent le peuple où ils évoluèrent de préférence, qui ont accepté la mission de veiller sur ce peuple, et qui peuvent détourner parfois, quand elles ne sont pas indispensables, les catastrophes menaçantes.

D. — Quels sont les Esprits qui veillent sur la France? Jeanne d'Arc?

R. — Oui.

D. — Et les autres?

R. — J'ai parlé de légion ; cherche dans l'histoire de ton pays : les plus purs, les plus grands, tu en connaîtras ainsi quelques-uns.

Prends note de ceci toutefois, c'est que, nécessairement, Vincent de Paul, par exemple, ne s'occupera pas de l'histoire guerrière de France; mais bien plutôt Bayard et Duguesclin.

D. — Maître, très respectueusement j'insiste pour

que vous vouliez bien répondre à la première question de M. Laurent, pour que vous donniez à ce croyant une preuve d'identité ; car à ce qu'il demande, vous seul pouvez répondre.

R. — Je ne te dis pas non, Marie, toutefois il m'est déjà suffisamment pénible de me retremper dans la lourde atmosphère que vous habitez pour que j'éprouve une certaine difficulté à me retrouver dans l'état d'esprit où j'étais, quand, à mon tour, je l'habitais ; c'est toute une reconstitution dont la nécessité ne s'imposait pas.

Veuille donc attendre un jour encore, et je tâcherai de te donner satisfaction ; mais combien j'eusse aimé mieux que ton ami me questionnât sur la vraie philosophie, je veux parler de celle que n'altèrent ni les hommes, ni les siècles, au lieu de ces subtilités scholastiques dont autrefois je me contentais.

D. — Maître, vous avez raison ; aussi je ne vous poserai pas les trois autres questions. Vous avez du reste répondu à deux au cours de l'ouvrage, la troisième vous ferait revivre des heures douloureuses et le moment de défaillance que vous avez eu au concile de Sens, devant les accusations de ce cruel Bernard dit Saint.

R. — J'étais homme : j'étais donc faiblesse et lâcheté.

D. — Maintenant que vous êtes plus près de nous, Maître, pouvons-nous espérer vous voir ?

R. — Vous me verrez un jour où les conditions seront favorables dans l'intimité d'un groupe homogène ; vous aurez la joie de rencontrer des médiums bientôt.

D. — Mais, Maître, vous avez défendu pendant le livre de s'occuper de spiritisme.

R. — Pourquoi ?

Il suffit que vous ne dépensiez pas vos forces à écrire avec d'autres Esprits ; je n'ai pas défendu les séances à effets physiques, surtout ici où le milieu est favorable et où vous ne serez que spectateurs.

A bientôt, amis, je vous quitte, vous aime et vous bénis ; recevez le souvenir tendre et fidèle de vos amis. *Amen.*

Mercredi 19 avril 1905.

Je jure, etc. Bonsoir, mes enfants. Priez pour ceux qui vont mourir.

D. — Où va-t-il y avoir des morts ?

R. — Vous savez bien qu'on se bat ; ce sont les malheureux Russes. Sachez que les forces navales sont en présence. Oh ! que les guerres font de victimes aujourd'hui, bien plus que de mon temps ; c'est affreux.

D. — Les Japonais aussi sont à plaindre.

R. — Non.

D. — Pourquoi ?

R. — Parce que d'abord, ils sont mieux disciplinés,

mieux dirigés, mieux traités au point de vue matériel ; ils n'ont pas à subir préventivement les privations effroyables qui font de l'existence des soldats russes un long calvaire ; en outre, le Japonais méprise la vie. Faites ouvertement, mes amis, une prière pour que ceux qui vont être jetés dans l'Au-Delà soient reçus par de bons Esprits qui les réconfortent et les assistent.

(Nous disons le *De profundis*.)

D. — Maître, cela doit bien vous troubler car jamais vous ne nous avez tant parlé de la guerre.

R. — J'ai expliqué pourquoi.

Marie, tu répondras à ton ami ceci de ma part :

Je pense de même qu'autrefois sur ma doctrine des universaux, et j'affirme encore que le conceptualisme est seul exact devant la raison.

D. — Permettez-vous que M. Laurent assiste à la prochaine séance ?

R. — Oui.

D. — Pouvons-nous, Maître, poser les questions sur le libre arbitre ?

R. — Oui.

Le libre Arbitre

D. — Maître, avons-nous complètement le libre arbitre sur la terre ou plutôt ne l'avons-nous eu seulement qu'au moment de la réincarnation en acceptant de plein gré telle ou telle existence ?

Alors une fois né, ne subit-on pas l'acceptation des épreuves entrevues ?

R. — Mes enfants, il va de soi qu'au moment de rentrer dans un corps humain, l'Esprit se rend compte des sortes d'épreuves qu'il y subira suivant la famille, le milieu social, etc., et c'est bien parce que là, et non ailleurs il pourra aisément développer certaines qualités, se dépouiller de certains vices, qu'il choisit celle-là et non une autre ; mais l'avenir ne lui apparaît pas ainsi que vous avez tendance à le croire.

L'avenir est modifiable, rien n'est vraiment fatal, du moins si longtemps à l'avance. Vous comprenez que dès lors le retour sur la terre serait inutile, il suffirait d'évoluer où je suis.

Nous savons seulement à l'heure de nous réincarner, quels sont dans leurs grandes lignes les faits saillants de l'existence qui va commencer, comme on connaît par exemple les villes principales où l'on doit s'arrêter quand on entreprend un voyage.

Lorsque l'incarnation est un fait accompli, lorsque l'Esprit commence à avoir une responsabilité suffisante, l'épreuve débute pour lui.

Afin que rien ne le gêne ou l'entrave, il a perdu tout souvenir du passé, les facultés qu'il a apportées en naissant se développent petit à petit, il tient en main les rênes ; à lui de se diriger suivant le bien ou suivant le mal.

Donc, le libre arbitre n'est point une utopie, c'est une grande vérité ; nous sommes entièrement responsables ; je parle de nous qui avons acquis une intelligence suffisante pour connaître la loi.

Je vous ai dit ailleurs que pour les Esprits qui débutaient dans l'humanité, la responsabilité était très mitigée.

Nous sommes les ouvriers de notre félicité ou de nos infortunes. Il est bien aisé de dire : qu'y pouvais-je ? c'était écrit !

On peut tout, on est maître de ses actes et si l'on voulait réfléchir de bonne foi, on verrait que l'on n'est pas en droit de se plaindre du sort néfaste, mais plutôt de son incurie ou de sa propre faiblesse.

Par exemple, quand on est entré dans un chemin : il faut jusqu'au bout y marcher, il faut accepter les conséquences inéluctables qu'entraînent certains actes.

Il est trop tard pour remonter la pente, et c'est ainsi que l'on voit s'abattre sur certains êtres des malheurs continuels : les uns courageusement se résignent, réfléchissent, comprennent, s'accusent, se promettent de faire un sérieux effort vers le bien ; alors l'épreuve ayant porté ses fruits bienfaisants, il est permis à ceux qui de l'Au-Delà veillaient sur la pauvre âme, d'intercéder en sa faveur, de l'assister, de la soulager ; ainsi après la tempête le calme renaît.

D'autres, malheureusement, demeurent réfractaires aux plus impérieux avertissements. Cela produit des révoltés, des méchants ; il faut les plaindre.

Donc, mes enfants, sachez désormais que vous faites vous-mêmes, non seulement votre destinée actuelle, mais encore une partie de votre existence future.

Le grain que vous semez germera, n'en doutez nullement ; suivant ce que vous aurez fait, vous récolterez. Soyez courageux si vous voulez pouvoir vous reposer ; créez autour de vous une atmosphère de bonté, de charité vraie et de douceur, si vous voulez avoir des amis plus tard.

Efforcez-vous toujours vers le mieux pour qu'au moment où tous les actes de votre incarnation actuelle se présenteront devant vos yeux spirituels, vous n'ayez point à en rougir, et puissiez dire en toute sincérité : ce passage sur la terre a porté ses fruits, mon âme est meilleure qu'au moment du départ.

D. — Maître, puis-je faire d'autres questions ?

R. — Je répondrai mercredi ; ce soir, Blanche est fatiguée.

Mes enfants, je vous bénis au nom de Jésus qui mourut sur la croix, qui aima les hommes et qui les sauvera. *Amen.*

D. — Maître, quelles pratiques nous conseillez-vous pour le Vendredi-Saint ?

R. — Souvenez-vous seulement du Golgotha.

Mercredi 26 avril 1905.

Suivant la permission du Maître, M. Laurent assistait à la séance.

Je jure, etc. Bonsoir, mes enfants, bonsoir également à toi qui, quoique bien jeune, te voues à des études souvent arides et abstraites.

D. — Maître, puisque Dieu sait tout, comment sommes-nous libres ? Ce qu'il sait doit forcément arriver.

R. — Et d'abord, Dieu ne voit pas tous les événements qui doivent s'accomplir durant une vie humaine. Dieu est trop grand, trop haut pour cela.

Vous vous illusionnez, mes pauvres enfants, en vous imaginant que le Très-Haut, l'Omnipotent et l'Eternel, s'occupe des minimes faits dont l'existence d'un mirmidon humain est semée. Est-ce que le puissant autocrate du grand Etat russe connaît le nom de tous ses sujets ? A plus forte raison ignore-t-il ce qui concerne les plus infimes, les plus modestes.

En regard de la distance qui nous sépare de Dieu, cela n'est rien encore. Dieu est le principe créateur dont nous émanons tous. Dieu est celui qui n'eut ni commencement ni fin. Dieu est l'inexplicable et l'inconcevable : c'est le ravaler au rang d'un petit potentat que de lui prêter le rôle dont vous parlez.

Il ne s'immisce point dans nos humbles misères, il n'en est pas moins grand ni moins bon pour cela.

D. — Mais on dit que pas un cheveu ne tombe de nos têtes sans sa permission.

R. — S'il en était ainsi, Dieu serait un tyran trop souvent cruel et barbare.

D. — Maître, que pensez-vous des Théosophes et des Spirites ?

R. — Je dirai que les uns et les autres ont un peu de bon et malheureusement beaucoup de mauvais : un peu de bon en ce sens qu'il est toujours excellent de montrer à l'homme que tout ne se termine pas avec la vie présente, qu'il doit par conséquent regarder plus haut ; beaucoup de mauvais en ce sens que les Théosophes de même que les Spirites, prétendent leurs doctrines seules infaillibles, qu'ils tombent en conséquence dans le travers que l'on reproche si justement aux religions.

Ils créent des doctrines et des dogmes, rejetant de leur sein celui qui pense différemment : c'est un tort. Le seul principe exact, l'unique vérité inattaquable chez l'un et l'autre, consiste en l'immortalité de l'âme, la pluralité des existences, la loi de progrès immuable, la communication possible avec les Disparus.

Le reste : discussions oiseuses, détails sans importance ni intérêt. Rien d'intéressant ni de digne qu'on s'y arrête.

D. — Maître, les Théosophes ont-ils raison de dire qu'évoquer les Esprits les empêche d'évoluer ?

R. — J'allais y venir. J'ai dit, je crois, qu'il était mauvais, et pour soi, et pour le Disparu qu'on évoque, de l'appeler, de le retenir dans son sillage.

C'est de l'égoïsme, de l'affection mal comprise, car en faisant ainsi on empêche l'Esprit d'évoluer, on le lie plus étroitement à cette terre dont il faudrait pourtant qu'il s'éloigne pour son bien.

Cependant, quand dans un but d'élévation, un besoin de recevoir des conseils profitables, on demande à un Esprit de répondre à votre appel, cela n'est pas mal, à condition de ne pas vouloir un certain Esprit. Il faut accomplir cette évocation avec respect, avec confiance, avec sérénité, sans passion, sans désir, écouter avec attention celui qui parle, de quelque nom qu'il se nomme. Mais, hélas ! la plupart des spiritualistes sont fort éloignés d'agir de la sorte.

Voilà pourquoi les Théosophes, comprenant le danger de ces évocations faites à la légère, les déconseillent ; toutefois, les initiés ne font que communiquer avec l'invisible, ils sont en relation constante avec nous. Seulement, eux, ils savent.

En défendant d'appeler les morts, ils s'adressent au

vulgaire pour lequel cela constitue un véritable danger ; ils ne font d'ailleurs que continuer Moïse ainsi que tous les législateurs spirituels.

D. — Maître, cette question est-elle épuisée ?

R. — A moins que vous n'ayez autre chose à me demander.

D. — Non, Maître. Permettez-vous à M. Laurent de vous poser des questions ?

R. — Oui.

D. — Croyez-vous que pour le progrès de la philosophie, ce soit un bien de chercher l'explication des phénomènes intellectuels dans les processus physiologiques ?

R. — Mon ami, c'est un bien, n'en doute pas. C'est un bien parce que c'est un acheminement vers autre chose ; l'homme ne peut étudier que l'homme, en tant que chair, sang et nerfs ; il cherche là d'abord. Quand nombre de ses questions demeureront sans réponse satisfaisante, force lui sera bien de regarder ailleurs, c'est-à-dire plus haut.

D. — Ne peut-on trouver l'explication de votre conceptualisme par cette comparaison scientifique : Le concept serait en quelque sorte comme un portrait obtenu par superposition de plusieurs portraits d'une même famille.

Idée de l'animal indépendante de la représentation de tout animal particulier, formation de l'idée abstraite.

R. — Tu dis exactement ce qu'il faut. Au point de vue terrestre il est permis d'envisager de la sorte un concept bien déterminé, car l'Être créé ne peut imaginer que ce qui se présente à son esprit sous une forme concrète ; mais combien tout cela est forcément limité !

A peine l'homme s'est-il engagé dans la voie des recherches philosophiques qu'une barrière s'élève devant son esprit et l'arrête. Pourtant son orgueil est si grand qu'il va jusqu'à prétendre vouloir expliquer le créé et l'incréé, l'univers dans son ensemble, les mondes et leur père à tous, l'Eternel, la Cause unique, le seul qui soit, qui fut et qui sera toujours.

Sans remonter si haut, comment concevoir ce qui sort des limites de votre terre ?

Vous avez un certain nombre de clichés qui servent pour l'explication de quelques formules ; contentez-vous-en.

D. — La théorie du conceptualisme, en tant qu'établissant le fonctionnement de l'intelligence d'après les seules idées générales, tend à admettre que l'Esprit se dégage de la sensation, laquelle est toujours individuelle ?

R. — C'est bien ce qu'il faut, ne l'ai-je pas dit ailleurs ?

L'idée du devoir, l'idée d'amour, l'idée de charité, dégagées de toute conception tangible, de tout intérêt matériel, c'est-à-dire conçues dans leur acception la plus abstraite, tel doit être.....

Je referai cette phrase la prochaine fois. Assez.

D. — A lundi, alors, Maître.

R. — Oui.

D. — Maître, la présence de M. Laurent vous aide-t-elle?

R. — Non, c'est plutôt une gêne momentanée car vous savez qu'un nouvel élément introduit dans un groupe apporte toujours un peu de trouble ; mais une autre fois, la fusion sera opérée.

Bonsoir à tous, mes amis, mes enfants, que Jésus vous bénisse. *Amen.*

Le lundi 1er mai 1905.

Je jure, etc. Bonsoir, mes enfants.

J'éprouve un sentiment de joie à nous retrouver tous trois seuls, il me semble ainsi que nous formons une réunion plus homogène, et que notre mutuel attachement dégage de meilleurs fluides.

D. — Maître, notre ami est bien croyant, puis son avis sur le livre était indispensable car, nous, nous sommes mauvais juges.

R. — Je suis loin de prétendre le contraire.

D. — Maître, puisque vous voulez refaire votre dernière phrase, faut-il relire la question ?

R. — Oui.

D. — La théorie du conceptualisme, en tant qu'établissant le fonctionnement de l'intelligence d'après les seules idées générales, tend à admettre que l'esprit se dégage de la sensation, laquelle est toujours individuelle.

R. — C'est bien ce qu'il faut, ne l'ai-je pas dit ailleurs ?

L'idée du devoir, l'idée d'amour, l'idée de charité, dégagées de toute conception tangible, de tout intérêt matériel, c'est-à-dire conçues dans leur acception la plus abstraite, tel doit être l'objectif auquel tendra celui qui marche résolument vers le bien et la perfection totale pour ce bas monde ; d'autres nomment cela le renoncement dans sa plus complète acception.

Je sais que c'est difficile, et ne vous ai point caché, mes enfants, que la tâche est ardue, le chemin des plus rudes, néanmoins on y parvient.

D. — M. de L. — Sommes-nous des initiés ?

R. — Vous en êtes encore au balbutiement.

D. — Pouvons-nous espérer le devenir ?

R. — Pas dans cette vie. L'initiation au sens complet du mot entraîne, et comporte des obligations auxquelles vous ne pourriez vous soumettre.

Si l'initié reçoit beaucoup de l'invisible, il donne et sacrifie en échange tout ce qui rend l'existence agréable, tout ce dont votre corps actuel ne saurait se passer sans en souffrir, à tel point que bientôt vous abandonneriez la partie, perdant ainsi le bénéfice des efforts déjà consentis.

Quand un voyageur prend son bâton, il doit ceindre ses reins et se résoudre à marcher jusqu'au bout, quelles que soient la longueur et l'aridité du voyage.

Vous, enfants, vous êtes pleins d'intentions excellentes; toutefois, n'en souhaitez pas plus que vous n'en pouvez accomplir. C'est déjà beaucoup de savoir, de pressentir une partie de la grande vérité; plus tard vous ferez une étape plus longue.

D. — Maître, le docteur R... est-il un initié?

R. — Oh! oui.

D. — Combien y en a-t-il dans Paris?

R. — Très peu.

D. — Y en a-t-il dans les couvents?

R. — Il y en a.

D. — J'ai entendu dire par Papus qu'il était porté à croire que les réincarnations des êtres difformes, des monstruosités physiques pouvaient bien être celles des âmes des suicidés?

R. — Il est évident qu'une incarnation aussi désastreuse, puisqu'elle oblige, dans la majeure partie des cas, l'Esprit à une existence presque végétative, partant stationnaire au point de vue progrès, constitue une expiation de grandes fautes, suicide, crimes, etc. Beaucoup de prétendus grands hommes, de conquérants fameux, ayant versé le sang, ayant trouvé leur gloire fugitive dans une suite de massacres, se sont vus obligés de revenir sur terre enfermés dans le corps d'un infirme répugnant.

D. — Pourquoi y a-t-il de ces êtres qui meurent jeunes et d'autres vieux ?

R. — La proportion s'observe suivant la durée d'existence et suivant le genre de difformité.

D. — La folie est-elle la punition d'un crime particulier ?

R. — Non. Vous paraissez oublier que le dément, sauf peut-être le fou furieux, et encore! souffre bien moins qu'il ne paraît.

Celui qui, au cours de sa crise, croit avoir atteint l'objet de ses désirs, est heureux somme toute ; la grande expiation, la plus dure souffrance est bien plutôt pour celui qui voit sombrer dans la folie un être cher.

D. — Maître, vous nous avez fait connaître et aimer Jésus, vous nous dites de le prier et qu'il nous aidera. Ceux qui croient en lui seraient donc les prédestinés dont parlaient saint Augustin et Jansénius ? et cependant il y a parmi ceux qui ne le reconnaissent pas de grands humanitaires et de bien belles âmes.

R. — Je vous ai parlé de Jésus comme du plus pur, du plus grand Esprit qui ait consenti à subir l'incarnation pour soulager ses frères, les hommes. Vous le connaissez plus directement que les autres, voilà toute la différence. Il vous sert d'intermédiaire auprès de Dieu ; mais il n'est qu'un pur Esprit et d'ailleurs ne l'a-t-il pas affirmé : « Je suis le fils de l'homme », pourquoi en faire un Dieu ?

Maintenant, ne croyez pas que ceux qui prient Jésus bénéficient de grâces spéciales.

Des sectateurs de Brahma, de Bouddha, de Mahomet, etc. pourraient alors en dire autant et ils auraient tort. Pourquoi ceux qui s'appellent Chrétiens seraient-ils plus favorisés que les autres ? ce serait de l'arbitraire ; le soleil distribue également sa lumière à toutes les parties habitées du globe.

D. — Alors cette question : prédestination, grâce, est lettre morte ?

R. — Ce sont encore, mes pauvres enfants, des théories inventées par des hommes, c'est-à-dire des êtres imparfaits ; ne les prenez pas au pied de la lettre. Généralement rien n'est ni vrai ni admissible de ce qui trouble la saine raison et défie la logique.

Ne soyez pas injustes ni orgueilleux. Dieu est un père également bon pour tous ses enfants.

D. — Maître, que faut-il penser de la peine de mort ?

R. — Il est toujours mauvais de retrancher brutalement de la terre un être humain ; à plus forte raison un criminel ; c'est prolonger son état de rébellion dans des proportions incommensurables, c'est lui retirer la possibilité du repentir.

La peine de mort disparaîtra totalement, de même que disparaîtront les guerres ; malheureusement c'est dans un avenir encore éloigné.

D. — Mais la Bible établit la peine du talion et Jésus lui-même dit : que celui qui frappe par l'épée périra par l'épée.

R. — Pardon, qui a fait la Bible ?

D. — Les hommes.

R. — Oui, répondez donc vous-mêmes ? Quant à la parole de Jésus, c'était un symbole et non une loi qu'il prétendait ériger en principe.

La vie se charge de réparer, de punir ; ce que vous appelez hasard n'est que le processus d'une lente justice, laquelle sait où frapper et arrive toujours à l'heure voulue.

Les sociétés humaines n'auraient point édicté de lois entraînant des répressions corporelles, que les méchants n'en seraient pas moins punis en temps et lieu.

D. — Les répressions corporelles n'empêchent-elles pas, dans une certaine mesure, l'augmentation du nombre des criminels ?

R. — Je suis loin de prétendre qu'il est inutile de châtier ceux qui ont enfreint gravement les lois divines et humaines ; mais on peut mettre les criminels hors d'état de nuire sans employer des moyens aussi radicaux que la guillotine ou autres formes de supplice.

D. — Maître, nous sommes inquiets : le Maroc, la guerre, l'Allemagne.

R. — J'espère que rien de si grave ne se produira pour le moment. Bonsoir, mes enfants, je vous aime ; que la paix vous habite. *Amen*.

Mercredi 3 mai 1905.

Je jure, etc. Bonsoir, mes enfants ; je suis venu ce soir avec une grande joie parce que je vous aime.

Mme de V. — Maître, toute la journée qui précède une séance, je suis heureuse en pensant à la soirée que je passerai avec vous.

R. — Parce que tu sens ma présence et mon désir d'être près de vous.

D. — Nous voyons avec tristesse le livre avancer ; alors vous nous quitterez.

R. — Je reviendrai souvent. Comment voulez-vous qu'à présent je me passe de vous voir, chers enfants, que je sais si près de mon cœur ?

Ah ! la terre a encore des attaches pour moi, il m'a fallu vous connaître et vous aimer pour comprendre à quel point j'y tenais encore.

D. — Merci, Maître, il nous est si doux d'être nommés par vous : mes enfants.

Nous voudrions vous parler de la présence réelle dans l'Eucharistie : Jésus n'a-t-il pas attaché un sens occulte à la consécration, et puisqu'il était la vérité même, il doit tenir ce qu'il a promis ?

R. — Les textes sont mal interprétés et mal compris. Comment voulez-vous que Jésus ait convié l'humanité à ce festin de cannibales dont son corps serait l'inépuisable mets ? Jésus a voulu instituer une commémoration perpétuelle en souvenir de sa passion ; il a voulu que les hommes présents et futurs se souvinssent de lui, de sa mission admirable et aussi de ce qu'il avait souffert.

Quand il a dit à ses disciples : « Prenez et mangez, ceci est mon corps ; buvez, ceci est mon sang », il pensait à son crucifiement, au supplice prochain, à l'immolation volontaire de son corps ; il n'entendait pas qu'on dût dans la suite des âges renouveler constamment la cène.

Je répète encore qu'il s'agit d'une commémoration et non de l'institution d'un rite.

La cène fut, pour ainsi parler, l'adieu de Jésus à ceux qui l'avaient suivi, qui embrassaient sa doctrine, qui devaient après son passage sur la terre la propager ; il n'a jamais prétendu qu'il fallait se repaître de son corps.

La transsubstantiation n'est qu'un mot. Jésus n'est pas le créateur de la communion, du moins au sens que les théologiens attachent à cette cérémonie, je vous l'affirme.

D. — La messe, vous l'avez dit, Maître, est une commémoration qui a son efficacité.

R. — Veuillez vous rappeler que la majeure partie des cérémonies rituelles dont se compose la messe est empruntée au culte hébraïque.

Donc, assurément, sa célébration a une efficacité réelle au sens occulte, car l'office très antique dont elle provient en grande partie, fut composé d'après des rites mystérieux, connus dès les âges les plus reculés sous le nom de Kabbale. Du reste, la plupart des Cérémonies religieuses israélites dérivent de la Kabbale.

D. — M. de L. — Mon cher Maître, nous n'avons pas de raison de douter de vous, personnellement nous ajoutons foi à vos affirmations ; mais permettez-nous de vous demander si, moins que nous, mais cependant dans une certaine mesure, vous n'êtes pas aussi sujet à l'erreur.

R. — Je suis sujet à l'erreur assurément dans certains cas, lorsqu'il s'agit de choses ayant trait à la terre ; car je l'ai quittée depuis trop longtemps pour voir avec certitude ce qui s'y passe vous intéressant.

En ce qui concerne les questions que vous me posez, c'est différent.

Que des Esprits retournent dans l'Au-Delà avec les idées dont ils ont fait leur pâture intellectuelle, cela se rencontre souvent ; c'est ainsi que l'on voit des êtres s'entêter, pendant des temps très longs demeurer fidèles à leurs idées même erronées, et n'en vouloir changer à aucun prix ; il convient d'attendre l'heure de la révélation, cette heure vient tôt ou tard.

Donc, ces Esprits appelés par vous répéteront les enseignements qu'ils mettaient en pratique pendant leur incarnation.

De ceux-là il faut avec raison se défier, ils sont encore trop près de vous, ils ont vos passions, vos amours et vos haines.

Mais moi, mes enfants j'en suis arrivé à un degré où, Dieu merci, les passions n'existent plus : c'est la sérénité absolue. De même que je n'ai plus de haine pour quiconque, de même que mes affections sont dégagées de toute contingence personnelle, de même il m'est permis aujourd'hui de comprendre la vérité et de la contempler face à face.

J'ai passé des temps qui vous paraîtraient incalculables dans la recherche, dans l'étude ; comme moi du reste vous irez où je suis. Je sais ; ce mot en dit suffisamment pour que vous me compreniez.

Je ne dis pas : cela est, pour satisfaire à des idées rapportées de la planète ; cela est, parce que cela est le vrai, l'immuable, l'indiscutable. Donc vous pouvez sans scrupules ajouter foi à mes affirmations.

J'ai vu, j'ai compris, et je redis en toute humilité et sincérité ce qu'il m'est permis de répéter.

Je pense, mes enfants, que pour ce soir il faut s'arrêter ; la séance de lundi vous a fatigués tous, je ne trouve plus assez de forces pour continuer avec fruit. A mercredi ; reposez-vous, soyez dans la paix, dans la sérénité, je vous aime et je vous bénis en Jésus. *Amen.*

Le 10 mai 1905.

Je jure, etc. Bonsoir, mes enfants bien chers.

D. — Maître, permettez-moi de revenir encore sur la question de la présence réelle, car Jésus dit dans l'évangile qui se lit le jour de la fête du Saint-Sacrement : « Ma chair est vraiment un aliment et mon sang un breuvage, etc., etc... vos pères ont mangé la manne et ils sont morts ; celui qui mangera ce pain vivra pour toujours. »

R. — Et je te ferai toujours la même réponse, Marie : Jésus employait fréquemment la parabole, ou symbole si tu préfères, dans ses discours.

Jésus est venu sur la terre apporter la vérité ; c'est de la vérité qu'il entendait parler.

Ceux qui ont mangé la manne sont morts : c'est-à-dire ceux qui ont vécu dans l'erreur. Ils ne sont pas morts au sens exact du mot, ils demeurent attachés à leurs croyances erronées et, de la sorte, nuisent à leur évolution, tandis que ceux qui mangent mon corps, c'est-à-dire ceux qui nourriront leur âme de ma substance, de mes enseignements, ne mourront pas, ou autrement, ils n'auront point à passer par les phases transitoires où croupit l'Esprit arriéré. Voilà Marie, l'explication vulgarisée de la parole du Messie.

D. — Maître, après cette explication vulgarisée y en a-t-il une autre ?

R. — Il y a toujours plusieurs interprétations en ces matières. Je vous ai donné l'explication exotérique, la seule permise par ceux qui détiennent les sciences cachées.

D. — Maître, j'ai encore deux questions à vous poser sur les évangiles.

La première sur la parabole de la vigne, évangile du dimanche de la Septuagésime : Celui qui a travaillé tout le jour est tout autant payé que l'ouvrier de la dernière heure ; comment concilier cela avec la justice et la réincarnation ?

R. — Non, ce n'est pas cela, Marie, tu n'as pas compris.

La réincarnation est une loi immuable que nulle influence ne peut modifier. Que certains, lorsque leur âme est bien éveillée, soient plus courageux que d'autres et acceptent des existences plus dures afin d'en avoir plus tôt fini, c'est un fait indiscutable ; mais ce n'est pas à ce sujet qu'a été dit cet évangile.

Jésus entendait démontrer que nous devons tous parcourir le même chemin, soit que nous nous y engagions de bonne heure, soit que nous trouvions la vraie route plus tard.

Le but est identique, on ne peut pas plus le dépasser qu'on ne peut pas ne pas l'atteindre.

Par conséquent, nous devons être humbles et ne pas nous enorgueillir quand nous voyons des Esprits plus arriérés que nous. Où nous sommes, ils arriveront fatalement, le salut est pour tous, nul n'en sera exclu.

D. — Faut-il plus de temps à certaines âmes pour parcourir la route ?

R. — Le temps n'a rien à voir dans la question.

Il s'agit des connaissances, des vertus à acquérir, des fautes à expier, en un mot de l'épuration et de l'éducation de l'Esprit pour le rendre digne de passer dans des sphères plus hautes.

Il n'y a point de privilégiés ; la somme de savoir doit être identique. De même que dans une école certains élèves sont plus appliqués que leurs condisciples et qu'ils avancent plus vite, de même, certaines âmes parcourent la route avec plus de rapidité, et cependant la distance était pareille, si j'ose ainsi parler.

D. — Oui, Maître ; mais l'idée d'être aussi cher payé pour une heure de travail que pour toute une journée a un sens trop caché.

R. — Mes pauvres enfants, cet évangile est parvenu

jusqu'à vous après des siècles, et, bien que l'on ait coutume de dire : c'est parole d'évangile, il est bon de faire des réserves.

D. — Lesquelles?

R. — Vous savez que quand je le puis, je réponds, même si cela doit atteindre les bases de la religion et détruire les croyances généralement établies ; mais ici nous touchons à une chose sacrée : la parole du Messie, et je préfère n'en pas discuter.

Qu'il vous suffise de savoir ceci : c'est que les évangiles contiennent une part d'erreur, laquelle doit être imputable à ceux qui les ont recueillis et les ont traduits plus ou moins fidèlement.

D. — Maître, nous vous comprenons parfaitement, aussi je ne vous demande plus qu'une seule explication au sujet de l'évangile de l'économe infidèle.

Evangile du huitième dimanche après la Pentecôte.

R. — Je cherche une réponse concise et n'en trouve guère. Cependant il m'est impossible de discuter mot à mot sur ce sujet qui t'indigne si fort, parce que tu prends cette parabole au pied de la lettre. Il s'agit de ce que les Sages de l'Inde nomment Karma, voilà pourquoi je juge inutile d'insister.

D. — Maître, le Karma est un bagage ; ce sont nos actions qui nous suivent.

R. — C'est un bagage, c'est une créance, c'est également une dette que nous emportons. Vous ne pouvez comprendre, vous ne pouvez admettre que ce que vous pouvez concevoir ; à quoi bon dire des choses qui vous paraîtraient inconcevables ?

Je vous conseille de cesser la séance ; réfléchissez, parlez, je vous écouterai et vous répondrai plus tard.

Bonsoir, chers amis, à bientôt ; je vous bénis. *Amen*.

Le 15 mai 1905.

Je jure, etc. Bonsoir, mes enfants.

(Nous avions parlé avant la séance de notre découragement de la dernière réunion. En effet, tous trois nous avions été pris de doute sur notre travail.)

N'oubliez pas que Pierre a renié trois fois Jésus ; je ne m'étonne donc pas de votre découragement de mercredi. La route de la vérité est souvent dure à gravir et l'on s'essouffle à monter la côte.

Allez, j'ai connu cela et d'une manière beaucoup plus grave puisque j'ai eu des heures de doute absolu. C'est humain.

D. — Maître, vous nous avez promis de nous parler des autres planètes.

R. — Si je m'en souviens bien, j'ai dit : plus tard je parlerai des autres planètes, quand nous nous occupions des conditions rationnelles d'existence ici-bas.

D. — Oui, Maître.

R. — Cela répondait à une pensée intime que vous formuliez intérieurement, à savoir, si ailleurs il y avait également des âmes en état d'évolution.

Il y en a, n'en doutez pas, elles sont partout répandues, partout la loi reçoit son application.

D. — M. de L. — Combien il y a-t-il de planètes.?

R. — N'essaye pas de les compter. Tu ne connais que ton pauvre système solaire, alors que l'univers en compte des milliers.

La terre est une planète d'ordre moyen ; parmi l'univers il en existe beaucoup où les conditions d'existence, où le développement spirituel sont à peu près identiques, de même qu'il en est d'identiques dans un état supérieur ; autrement dit, il ne faut pas croire qu'il n'existe qu'un modèle unique de chaque degré.

L'univers étant immense, comparez-le à un jardin gigantesque où des plantes de la même famille croîtraient à des distances infinies les unes des autres.

Donc, comprenez bien, mes enfants, qu'il y a de la vie partout ; qu'elle se manifeste sous une apparence différente, peu importe. S'il y a vie, il y a par conséquent progrès.

C'est une sorte de cycle que vous devez parcourir avant d'arriver au but ; de ce but si lointain, je ne vous parlerai pas, car, d'abord, vous ne pourriez le concevoir clairement malgré mes explications, ensuite parce que, avant d'y parvenir, il faut des siècles et des siècles.

Sachez pourtant, qu'il ne s'agit pas de cette espèce d'engourdissement stupide que certains théologiens décrivent comme étant les joies éternelles des élus. Au contraire c'est l'épanouissement intégral de l'esprit, de la pensée, de toutes les facultés acquises au cours du long et pénible voyage d'épreuves enfin terminé.

C'est la mise en pratique admirable de l'amour dans sa plus sublime acception et des qualités qui en découlent.

Sur la terre il est permis à l'esprit d'acquérir un degré déterminé de perfections ; quand ce degré est atteint, il faut nécessairement aller poursuivre ailleurs l'évolution, et nécessairement aussi il faut que cet ailleurs soit plus parfait que le monde que nous abandonnons.

D. — M*me* de V. — Ainsi vous, Maître, vous en avez fini avec la terre ?

R. — Laisse-moi continuer, tu me troubles.

Ici, nous commençons à entrevoir, embryonnairement encore, certaines idées de justice, de solidarité, de charité ; nous avons, j'entends ceux qui ne se confinent pas uniquement dans les satisfactions de la chair, nous avons une perception vague de quelque chose de mieux que ce qui se passe sur la terre.

La manière dont sont instituées les sociétés ne nous satisfait pas, nous en sentons toute l'imperfection. Cependant si nous voulons formuler une opinion, nous ne parvenons pas à exprimer notre *desideratum*, ou bien alors, ce sont des choses si extraordinaires, que les illuminés qui ont pu avoir la vision d'une immense fraternité mondiale sont traités d'utopistes, d'anarchistes ou d'aliénés.

Mais vous avez passé le plus mauvais, mes chers enfants, et quand votre esprit, délivré des liens terrestres, renaîtra ailleurs, la tâche, même celle du début de ce nouveau cycle, sera infiniment moins ingrate.

Vous trouverez des mondes fortunés, des planètes heureuses, où le veau d'or aura cessé de dominer les hommes, où les besoins matériels seront moins impérieux, où, par conséquent, on se déchirera moins, où le règne de l'esprit l'emportant sur celui de la matière, les facultés intellectuelles auront toute latitude de s'épanouir, où commence la fraternité véritable, où il n'y a plus de guerres, ni de rois, ni de hiérarchie, autre que celle du cœur, de la bonté, de l'intelligence.

J'ai peu à dire pour épuiser cette question des autres planètes, si ce n'est que vous comprenez à présent qu'avant d'être parvenu à l'état de pur Esprit, l'âme doit évoluer sur chacune d'elles.

Forcément, vous le savez, cette évolution est ascendante ; on peut rester longtemps stationnaire, on ne rétrograde jamais.

Réjouissez-vous, mes enfants, après votre stage ici-bas, stage pénible et souvent cruel, vous irez sur des mondes de plus en plus perfectionnés, où les conditions d'existence sont si aisées que vous vous livrerez exclusivement à la vie intérieure.

Envisagez sereinement cette longue route qui débute par des chemins obscurs, rocailleux, où l'on côtoie sans cesse l'abîme, mais qui, au fur et à mesure que l'on y avance, devient plus douce, se parfume des belles fleurs de la pensée en plein épanouissement, et enfin se termine par une apothéose de lumière et de paix.

D. — M. de L. — Dieu permettra-t-il de communiquer d'une planète à l'autre tant au point de vue spirite qu'au point de vue physique?

R. — Au point de vue spirituel, il est possible, quoique rarement, de communiquer; parfois un Esprit peut inspirer un Esprit de la terre pour une chose favorisant le progrès de l'humanité.

Quant à la communication d'une planète à une autre au point de vue physique, cela ne sera praticable que quand les hommes auront appris la vérité, que quand ils sauront quels liens unissent toutes les âmes sans distinction de races, de patrie ou de pays dans l'immensité.

Alors ils se rencontrera des Esprits qui transmettront des messages d'une planète à l'autre, qui appliqueront les découvertes de la science d'ici là-bas et *vice versa*.

Un essai de ce genre a été tenté déjà entre l'Amérique et l'Angleterre ; maintenant je dois te dire, Léon, que Mars à qui tu penses n'est guère qu'au niveau de notre terre.

M. de L. — En effet, je pensais depuis un instant à la planète Mars.

Le 19 juillet 1905.

Je jure, etc. Bonsoir, mes enfants. Aujourd'hui j'ai écouté votre conversation, il me semble que vous avez des idées plus gaies que lundi.

Mme de V. — Maître, vous pouvez même dire que mes amis ont été dissipés.

Maître, allez-vous commencer votre chapitre sur l'amour?

R. — Questionnez-moi sur l'amour et je répondrai.

D. — Parlez-nous, Maître, de l'amour divin et de l'amour humain.

R. — L'amour, mes enfants, est un élan impulsif de notre âme qui nous pousse vers un autre être avec le besoin de nous fondre en lui. C'est ainsi que les mystiques ont l'impérieux désir de monter jusqu'à Dieu pour s'anéantir dans son essence, et que leurs prières revêtent des formes excessivement passionnées. Cependant le principe est rigoureusement exact.

Nous émanons de Dieu, nous nous en détachons temporairement pour accomplir notre évolution, et notre ardent désir latent est de retourner vers lui.

Il faut donc aimer Dieu comme soi-même, ainsi que le commande l'Eglise, car Dieu est dans nous et nous sommes dans lui : c'est notre Père, notre Créateur, la Source dont toute vérité découle ; mais aimons-le simplement, dans la sincérité de notre cœur, plaçons en lui notre confiance et notre espoir. Comme un tendre Père, il nous aidera et nous conduira jusqu'au seuil.

L'amour humain est la même chose que l'autre amour, c'est l'appel d'une créature vers une créature, une force double et attirante à laquelle il ne faut pas résister ; car de toutes les vertus terrestres, c'est l'amour qui engendre les plus magnifiques dévouements, qui fait éclore les plus admirables fleurs sur votre sol aride.

L'homme est naturellement égoïste ; l'amour développe en lui l'altruisme, la bonté, la pitié. Toutes les beautés de l'âme éclosent sous l'impulsion d'un sentiment sincère ; on est deux et l'on n'est plus qu'un. C'est en petit l'immense fusion où iront s'engloutir les âmes, c'est le germe de ce qui sera un jour, c'est la réalisation terrestre du plus parfait bonheur.

La richesse, la puissance, ne donnent que des joies bien pâles et bien tièdes ; seul l'amour fait éprouver un sentiment de bonheur absolu ; seuls ceux qui s'aiment parfaitement ont épuisé les félicités de la terre puisqu'ils souhaitent mourir pour communier plus intimement, pour se réunir à jamais. Ils sentent d'instinct que ce souhait n'est réalisable qu'ailleurs, et ont hâte de franchir la frontière.

Voilà ce qu'est l'amour humain, mes enfants, ce qu'il devrait être ; malheureusement, il est bien rare aussi absolu.

Ne confondez pas surtout, l'amour avec la passion : l'un n'a rien à voir avec l'autre. Je parle d'une manifestation de l'âme, noble entre toutes ; de celles qui ont créé les grands illuminés, les messies, les philosophes de tous les temps, les pacifiques révolutionnaires auxquels l'humanité est redevable d'immenses bienfaits ; ceux-là aimaient, avec excès, avec ardeur, avec enthousiasme. Leur grand cœur était un radieux bûcher brûlant d'une tendresse infinie pour les pauvres êtres rivés à la glèbe, à l'infortune, à l'ignorance, à la misère morale.

Toutefois, il faut partir du plus petit pour arriver au plus grand : avant d'être un Messie, Jésus ne fut qu'un homme, et il aima une créature de chair avant de s'immoler pour les hommes.

D. — Il est donc vrai, Maître, que Jésus s'est incarné plusieurs fois ?

R. — Quand Jésus s'incarna pour expirer sur la croix, Jésus s'était affranchi des faiblesses humaines.

Il était dans la chair, mais il dominait sa chair au lieu d'être dominé par elle ; c'est avant qu'il progressa par la souffrance, qu'il se prépara à sa divine mission d'amour universel par un amour unique.

D. — C'était, sans doute, Maître une créature d'exception ; c'était la Sulamite et il était Salomon.

R. — Mieux que cela.

D. — Maître, nous nous permettons de vous demander quelle fut cette femme unique ; il ne doit pas y avoir en cela d'irrévérence puisque vous nous avez dit que Jésus n'est pas Dieu.

R. — Il est l'intermédiaire direct entre vous et le Dieu immense et non manifesté ; il est le Verbe, et je n'ai le droit de parler de lui qu'à genoux.

Il faudrait remonter aux premiers âges du monde. Jésus porta successivement les plus grands noms, les noms les plus justement vénérés, il se manifesta dans la gloire, il eut la puissance avant de revenir une dernière fois comme le plus doux et le plus humble des hommes. Assez, je ne puis continuer.

Quand désirez-vous la prochaine réunion ? Si tu veux aller plus vite, j'accepte deux par semaine.

D. — Maître, je voudrais voir le livre imprimé ; mais quand il sera terminé, vous nous quitterez. En pensant à cela ; je voudrais voir le travail se prolonger. A lundi, Maître, si vous voulez.

R. — Lundi, oui. Je vous aime et vous bénis en

Jésus. Je ne vous quitterai jamais. Quand vous serez ensemble tous trois, mes fidèles, je viendrai vous apporter un rayon d'amour. *Amen.*

Le 27 juillet.

Je jure, etc. Bonsoir, mes enfants.

D. — Mme de V. — Puisque vous trouvez qu'un amour unique amène à l'amour universel, pourquoi nous avez-vous dit que votre mission avait sombré parce que vous vous étiez laissé entraîner à une passion charnelle ?

Héloïse était une créature d'exception, elle vous a aimé d'un amour qu'elle a idéalisé en se sacrifiant sans cesse. Vous nous avez dit aussi que d'autres créatures avaient aimé avec un aussi grand désintéressement ; mais son nom seul de grande amoureuse est resté dans l'histoire. Les Françoise de Rimini, les Juliette et les Marguerite ne peuvent lui être comparées. Elle a aimé, elle a souffert, sans chercher la mort pour éviter la torture de vivre.

R. — Ma chère enfant, celui qui vient en missionnaire, avec un but à atteindre, ne doit voir que ce but et se garer soigneusement des contingences.

S'il est une passion absorbante sur la terre, une passion qui annihile tout ce qui n'est pas elle, c'est l'amour charnel.

Un amoureux ne saura jamais être qu'un amoureux; il lui est interdit de vouloir devenir un pasteur de peuples, un savant fameux, un bienfaiteur de l'humanité, un philosophe, etc. Son rôle est de se consacrer à la créature choisie, et malheureusement, ce sentiment-là le rive à la matière au lieu de l'en détacher. Par conséquent, quand j'ai dit : ma mission sombra parce que je devins la proie d'une passion charnelle, j'eus raison. A mon époque d'obscurantisme, avec les dons que je possédais, je pouvais faire de grandes choses.

Mais des forces malveillantes poussèrent mon faible corps aux pieds d'Héloïsa, je devins son esclave et je fus perdu. Elle, la chère âme, se donna toute; elle fut admirable. Une fois de plus, en cette occasion, elle me fournit une preuve nouvelle de son attachement absolu, de son abnégation parfaite. C'est véritablement la créature d'élite se fondant, s'oubliant dans l'être adoré.

Moi, comme tous les hommes, je la désirais avec la frénésie sensuelle qui est la pierre d'achoppement de beaucoup de grands esprits ici-bas, tandis qu'Héloïsa, supérieure à moi, m'aimait avec son cœur, son grand cœur ardent et généreux.

Sous ce rapport, les femmes ont infiniment plus de délicatesse.

D. — Maître, nous avons encore, si vous le permettez, plusieurs questions à vous poser.

R. — Posez-en une seulement. Ce soir, la température n'est pas favorable, non plus que la santé de mon médium que je fatigue beaucoup ; mais ensuite, quand le travail sera fini, je lui rendrai ses forces. Savez-vous que c'est en grande partie à ce travail qu'elle doit ses troubles nerveux ?

D. — Maître, que pensez-vous du mariage, suivant la loi des hommes?

R. — Je pense que c'est le plus immoral des contrats, alors que ce devrait être la plus belle consolation des pauvres humains dans leur exil.

Le veau d'or pervertit tout.

Le plus souvent, dans un projet d'union, les questions d'intérêt sont seules en jeu. On réunit deux êtres se connaissant à peine ; ils savent seulement ce qu'ils possèdent l'un et l'autre, et encore souvent l'un et l'autre se dupent sur leur situation. Quant au cœur, à l'esprit, aux aspirations, aux vertus, aux défauts, aux infirmités physiques même, on les cache soigneusement ou bien on les ignore.

Dans ces conditions, que peut être le mariage, créé sous de pareils auspices ? Une suite de mensonges : l'hypocrisie et la mauvaise foi règnent en souveraines, c'est la lutte sourde, la rancune persistante ; chacun en veut à son partenaire de se sentir trahi.

Il est moins pénible d'avoir un ennemi déclaré que cet adversaire sournois, épiant tous vos actes, désirant même votre mort, qui s'abrite sous le nom d'époux.

Et les enfants qui naissent de ces accouplements! pauvres petits, qu'ils sont à plaindre! Leur vie est un enfer, un apprentissage constant des vices les plus dégradants qui déshonorent l'humanité : la fourberie, l'imposture, la haine cachée, etc., etc.

Je parlerai de la conception rationnelle du mariage tel qu'il devrait être.

Bonsoir, mes enfants; je vous aime et vous bénis. A mercredi. *Amen.*

Le 26 juillet.

Je jure, etc. Bonsoir, mes enfants.

Bonsoir, notre très cher et bon maître.

R. — Bonsoir chers enfants de mon cœur. Il fait chaud, ce n'est guère favorable; enfin, nous allons essayer de travailler un peu.

J'ai dit que je parlerai du mariage rationnel; ce ne sera pas bien long.

Que devrait être le mariage?

Oh! c'est bien simple; l'union de deux corps et de deux âmes.

Il faudrait que deux êtres soient attirés d'abord par les effluves sympathiques émanant de chacun d'eux. Quand il y a sympathie, le reste va tout seul. On apprend à se connaître, à s'estimer, à s'apprécier, et lorsque es temps sont venus, on se réunit pour suivre ensemble le dur chemin de l'existence.

Tout est mis en commun : les peines, les douleurs, es joies, on se soutient, on s'aime loyalement, saintement, avec abandon et confiance absolue. On n'est point aveugle pour cela. De même qu'on est au courant de ses imperfections physiques, on connaît ses faiblesses morales et celles de son compagnon ; mais cette constatation n'altère en rien le sentiment tendre et profond que l'on éprouve pour l'ami unique, le confident absolu, le consolateur, le protecteur au besoin.

D'ailleurs, s'aimer de la sorte engendre bien des vertus, bien des courages, notamment celui de se corriger, pour que les défauts dont on est affligé ne froissent pas l'époux.

Pour lui, on se dévoue, à la vie, à la mort ; il est votre patrie, votre famille, ce que vous avez de plus cher au monde. Les années en s'écoulant ne font que fortifier cette tendresse.

Ensemble on vieillit, appuyés l'un sur l'autre. Quand arrive l'implacable séparatrice, c'est avec résignation qu'on la reçoit, car on sait bien que la réunion ne saurait tarder.

Deux êtres ainsi unis, ainsi liés par des liens aussi forts, ne peuvent vivre longtemps l'un sans l'autre.

A ceux-là, pas besoin d'enseigner la fidélité ; ils sont

fidèles comme ils respirent, sans effort et sans lutte.

Donc, c'est ainsi que devrait être le mariage. Utopie encore, hélas! mais splendide réalité future.

A ce moment bienheureux, toutes les barrières, péniblement échafaudées pour consolider la famille humaine à l'aide de lois, tomberont de vétusté. *Amen*.

D. — Maître, est-il vrai, comme l'enseigne l'Eglise, que le but essentiel du mariage soit la continuation de l'espèce et qu'il faille rigoureusement s'y conformer pour arriver à la perfection?

R. — Le législateur, le théologien, s'adressant à la foule, ont érigé des lois générales, sachant bien qu'il était impossible de les suivre à la lettre. L'ecclésiastique prétendait enrayer ainsi les exigences de la chair; le législateur prétendait sauvegarder autant que possible la perpétuité de l'espèce, raisons louables des deux côtés, car en effet nous sommes ici-bas pour nous continuer, et d'autre part il est malsain pour l'évolution de l'esprit de se vautrer sans mesure dans les voluptés charnelles.

Les lois sont édictées pour ceux qui ne peuvent pas se diriger eux-mêmes. Quant aux autres, ils savent d'instinct discerner le mal du bien. En vérité, mes enfants, il faut de la mesure et de la sagesse en tout.

Notre corps, par tous ses organes, a des exigences que l'on doit satisfaire afin de maintenir l'équilibre. Mais on peut manger sans goinfrerie, même sans gourmandise. Je m'arrête, car le sujet est bien délicat pour être traité en public ; comprenez-moi à demi-mot.

Bonsoir, chers enfants, à lundi. Je vous bénis, je vous aime. *Amen.*

D. — M. de L. — Maître, les deux médaillons sculptés sur la maison du quai aux fleurs ont-ils un peu de ressemblance avec Héloise et avec vous ?

R. — Cela y ressemble assez.

Le 31 juillet 1905.

Je jure, etc. Bonsoir, mes chers enfants.

— Bonsoir, mon cher maître.

Allez-vous nous parler de la prière ?

R. — Oui ; posez des questions.

D. — Quelles sont les conditions d'une bonne prière et dans quel état doit-on se placer pour qu'elle soit efficace ?

R. — Cela est très simple, mes enfants.

Sachez d'abord qu'il n'est pas de règle absolue. Tous ceux qui dans un élan de confiance et de foi s'adressent au créateur sont certains d'être entendus ; cependant, pour vous qui savez, apprenez que la fréquence de la prière est une chose excellente, d'abord parce qu'en priant vous tracez une sorte de cercle de préservation autour de vous, éloignant ainsi les mauvaises forces, tandis que les bénéfiques sont au contraire attirées ; ensuite vous parlez plus fréquemment à Dieu, par conséquent vous attirez sur vous la bienveillante attention de notre Père qui vous donne, de la sorte, le réconfort qui vous est nécessaire.

En outre songez que si vous implorez la pitié divine en faveur de vos parents, de vos amis, dans l'affliction, ou simplement si vous priez pour les pauvres morts malheureux, vous vous créez des sympathies reconnaissantes, lesquelles, aux heures sombres de votre vie, retomberont sur vous en bénédictions.

C'est ce que Jésus a dit : « Faites-vous des amis dans l'Au-Delà, afin qu'au moment du péril ces amis vous soutiennent.

Les conditions pour bien prier sont le recueillement et la conviction ; il ne suffit pas d'ânonner une formule du bout des lèvres, il faut penser à ce que l'on dit, et le dire du fond du cœur.

Les églises sont des lieux très propices pour la prière car les élans de foi et d'amour collectifs dont elles sont le théâtre les sanctifient pour ainsi dire, et puis on s'y recueille plus aisément.

D. — Est-il vrai, comme le dit le docteur R..., qu'il y ait dans les églises des endroits où il ne faut pas se mettre pour prier?

R. — Oui, près des tombes et des piliers.

D. — Et près des confessionnaux?

R. — Ce n'est pas bon non plus ; mais si tu pries, tu es armée, par conséquent tu ne crains rien.

D. — Et près des statues ?

R. — Pas toujours. Elles ont une histoire, surtout les anciennes ; elles ont vu tant de choses, qu'elles sont comme imprégnées des émanations fluidiques qui sont montées vers elles avec l'encens, lequel n'a pas toujours suffi à les purifier. Du reste, c'est un peu à cause de cela que les protestants bannissent les statues et les images de leurs temples.

D. — Saint Antoine de Padoue a-t-il une mission sur la terre qui lui permette de s'occuper des choses matérielles?

R. — Dans certains cas, oui.

D. — Où faut-il se placer de préférence dans une église ?

R. — Il est préférable, quand on peut, de se placer dans un endroit situé au milieu, soit d'une chapelle, soit du chœur.

D. — Saint Benoît aide-t-il à se préserver des accidents ?

R. — La foi, je le répète, est toujours une puissante attraction. Se mettre sous la protection de quelqu'un c'est l'aimer et, si l'on aime, on est sûrement aimé.

Mes enfants, nous touchons à la fin de notre travail. Je vous dirai deux mots mercredi des dangers des pratiques occultes, puis une brève conclusion, puis on se séparera pour quelques semaines, et enfin en septembre nous nous retrouverons pour revoir l'ouvrage dans son ensemble; ce soir c'est assez, je vous dis adieu.

Bonsoir, chers enfants, je vous bénis, je vous aime. *Amen*

Le 2 août 1905.

(Croyant bien faire, nous avions brûlé de l'encens avant la séance.)

Je jure, etc. Bonsoir, mes enfants.

Ce soir, je ne peux faire grand'chose, les communications sont mal organisées. J'espérais terminer; mais il faudra une séance encore.

D. — Quel jour?

R. — A votre choix.

D. — Maître, voulez-vous lundi?

R. — Oui. Je tiens en terminant cet ouvrage à vous mettre en garde (ouvrez la porte, l'odeur est trop forte).

D. — Nous avons cru bien faire, Maître, en brûlant de l'encens.

R. — L'odeur est bonne à condition de ne pas être trop violente (1).

---

(1) La vérité nous oblige à dire que l'odeur de l'encens jointe peut-être à la chaleur, nous avait incommodées.

D. — Alors il ne faut pas se parfumer si l'on veut attirer à soi de bons fluides ?

R. — Pas trop.

Je tiens en terminant cet ouvrage à vous mettre en garde contre le danger réel qui peut résulter des pratiques occultes risquées sans s'entourer des précautions urgentes qui les rendent inoffensives.

Depuis que le spiritualisme s'est propagé, des quantités de personnes se livrent à des essais typtologiques ou autres, ne se doutant guère du mal qu'elles se font, ainsi qu'à leur entourage. Cela, je l'ai dit au point de vue spirituel, c'est au point de vue matériel que je me place ce soir.

Songez-y mes enfants, attirer chez soi, sous prétextes de séances spirites, des inconnus plus ou moins médiums, c'est ouvrir sa porte à des inconnus malfaisants la plupart du temps, qui saisissent la première occasion de vous taquiner, pis encore.

Aller à l'aveuglette chez des médiums qui sont souvent des charlatans, ou bien se rendre à des réunions mêlées, c'est vouloir ramener avec soi des influences malfaisantes, hostiles même, qui s'empresseront de vous le prouver.

Examinez les cas de démence, de possession ; vous trouverez que beaucoup d'entres eux émanent d'entités mauvaises, dont l'objectif est la perte d'une existence, qui se réjouissent d'autant plus qu'elles causent de plus grands ravages.

Que de maladies mystérieuses n'ont d'autre origine que l'invisible malfaisant !

Je n'en finirais pas si je voulais m'étendre sur ce sujet. Je sais bien que ceux qui sont atteints offraient, par la faiblesse de leur constitution, plus de prise au mal, que d'autres portaient en eux le germe néfaste ; mais, sans cette porte ouverte, qui sait s'ils n'eussent point été épargnés ?

Personne ne peut se dire à l'abri ; il suffit d'un moment pour que la fatale emprise s'exerce.

Quand on est averti, on peut lutter. Toutefois mieux vaut à tous égards ne pas entamer la lutte ; il n'y a pas que les spirites, je parle de tous ceux que le surnaturel attire, qui se livrent à des pratiques magiques, qui veulent en un mot soulever le voile, et le font trop légèrement.

Apprenez que les forces malsaines sont toujours prêtes à répondre à votre appel, quitte à ce qu'ensuite vous vous en repentiez amèrement; prenez donc bien garde, mes enfants.

D'autre part, je sais que votre esprit est avide d'en connaître davantage, et, non seulement curieux de mystère, mais qu'ayant eu la douleur de perdre un être cher, vous cherchez par tous les moyens possibles à vous rapprocher de lui, à obtenir la preuve de sa survivance ; donc je ne puis vous blâmer de vos expériences, toutes les fois que vous aurez une occasion sérieuse.

Du reste, l'homme doit s'instruire ; seulement, si tout le monde vous ressemblait, il y aurait moins de mal. La grande pierre d'achoppement c'est la curiosité imbécile, la mauvaise foi, la raillerie.

A lundi, mes enfants, je vous aime et vous bénis. *Amen.*

Lundi 7 août.

Je jure, etc. Bonsoir, mes enfants. Je suis heureux de voir que mon idée de groupe pour l'enseignement de l'étude des sciences psychiques, va devenir une réalité sous la protection puissante de sainte Philomène.

(Le Maître avait entendu la conversation que nous venions d'avoir à ce sujet.)

Nous espérons, Maître, que cela pourra être réalisé pour l'hiver prochain.

R. — Et vous ne pourrez qu'y gagner.

D. — Cependant, Maître, le docteur R. n'a pas toutes vos idées.

R. — Cela ne l'empêche pas d'être un grand initié et une âme pure ; un point par exemple sur lequel nous nous rencontrons, c'est en ce qui concerne les expériences occultes. Il les redoute, il a grandement raison, il cherche à en éloigner le plus possible ses amis ; je ne puis que l'approuver.

Gardez-vous, mes enfants, d'appeler l'invisible car ce faisant vous vous exposez trop.

Gardez-vous surtout de demander un conseil matériel, c'est vouloir être trompé. Ne croyez pas non plus que les phrases plus ou moins morales que certains vous débitent soient une garantie suffisante ; vous ne voyez malheureusement à qui vous avez affaire et ceux de l'autre côté ont beau jeu pour vous induire en erreur.

Si, occasionnellement, vous risquez une expérience, ne le faites qu'après vous être prémunis longuement par la prière, résolvez-vous à tenir rigoureusement fermée la porte de votre cœur, concentrez-vous au lieu de vous livrer, soyez passifs, attendez que le phénomène se produise, ne demandez rien, ne provoquez pas l'idée d'une fraude par vos questions ingénues. S'il doit se faire quelque chose à votre intention, cela aura lieu sans que vous le demandiez.

En outre, croyez-moi, mes enfants, dès l'instant que des Etres chers et jamais oubliés vous ont précédés dans l'Au-Delà, ces Etres, avec la permission de Dieu, trouveront toujours le moyen de vous avertir quand un événement important devra vous arriver, ou qu'il s'agira de vous prévenir d'un danger évitable. Pour le reste, vétilles !

Nous devons à nos risques et périls diriger notre vie.

Je veux aussi en terminant vous dissuader d'aller chez les médiums de profession, somnambules ou cartomanciennes.

Vous en rapportez trop souvent de mauvais fluides laissés là par les passants ; enfin, mes enfants, sachez ceci : c'est qu'il vaut mieux s'abstenir de toute pratique occulte quand on est dans votre situation, à moins d'exception, bien entendu.

Ces études sont délicates, et si absorbantes que pour s'y consacrer avec fruit, il faut renoncer au monde, devenir un mystique dédaigneux des luttes matérielles, un illuminé ou un initié à votre choix.

Ces missions sont réservées à quelques-uns ; mais puisque cette existence n'est ni dans vos goûts ni dans vos aptitudes, restez où vous êtes.

D. — Mme de V. — Maître, d'après ce que vous nous enseignez là, il en résulterait que les théosophes sont plus avancés que les spirites.

Vous nous avez dit aussi, dans la communication du 27 mars 1905, qu'il ne fallait pas évoquer tel ou tel Esprit ; mais écouter avec reconnaissance celui qui veut bien venir nous instruire.

Je considère que l'Evangile et ce livre peuvent nous guider dans toutes les circonstances de notre vie et qu'il est inutile de demander dorénavant des communications de direction.

Ne serait-ce pas votre avis que, versés comme nous le sommes dans la question spirite, nous étudiions maintenant la théosophie, n'acceptant de communications, si Dieu le permet, que de vous, Maître, de nos chers Disparus et des Esprits souffrants venant se recommander à nos prières?

R. — Tu peux lire des livres de théosophie.
Il y a du bon et du mauvais, comme dans tout ce qui est caché et que l'homme a cependant la prétention d'expliquer et d'ériger en dogmes.

D. — Maître, allez-vous ce soir faire la conclusion du livre?

R. — Je la ferai plus tard car je voudrais la mûrir un peu, ce sera pour la reprise. C'est court d'ailleurs.

D. — M. de L. — Est-il préférable de faire venir chez soi des médiums?

R. — Non, encore moins, car ces fluides séjournent plus longtemps. Garde ton argent pour des charités; du reste, quand t'a-t-on dit la vérité? Il y a des exceptions, des êtres doués; mais ils sont bien rares.

Au revoir, chers enfants, à bientôt. Bon courage, bon espoir, chers enfants bien-aimés, que Jésus vous protège, que sa bonne Mère prie pour vous, soyez bénis. *Amen.*

— Vous partez, Maître, au moment où nous sommes

si entraînés que le travail devient très rapide ; quand reviendrez-vous ?

R. — Vers le 15 septembre.

D. — Et après le livre terminé ?

R. — Je reviendrai parfois; tant mieux que les instruments soient parfaitement accordés.

CONCLUSION

Mes enfants, pour terminer cette suite d'entretiens laissez-moi ajouter quelques mots.

La foi se perd ; les dieux s'en vont, tués par le scepticisme. Les hommes, trop renseignés sur certains points, ont répudié les croyances anciennes, et bien peu nombreuses sont les mères qui joignent aujourd'hui les petites mains inconscientes de leurs enfants en leur apprenant à prier.

« Notre Père qui êtes aux cieux » ; cette parole sublime, cette invocation du pauvre Esprit exilé sur la terre, on ne la dit plus guère avec le cœur. C'est du bout des lèvres, machinalement, plutôt par habitude que certains la prononcent. Notre Père, cependant, bien qu'on l'oublie, aime toujours du même amour ses créatures.

L'heure est venue de se le rappeler, d'élever vers lui un regard qui se repent et qui implore. Mais les religions expirent à leur tour dans l'ignominie, la risée publique.

Les beautés merveilleuses du Christianisme, où

sont-elles ? Les ecclésiastiques ont passé par là, et leur trace néfaste n'y est que trop visible. Par eux, le pur diamant se change en fange ; ils ont avili à tel point la doctrine du divin crucifié, que Jésus ne la reconnaîtrait plus s'il s'incarnait de nouveau.

Pourtant il faut croire, il faut regarder au delà de ce petit globe de boue sur lequel nous gravitons.

Le besoin de s'élever au-dessus des contingences mesquines de la vie matérielle n'est si impérieux chez certains, que parce que savoir, connaître, pressentir, sont des nécessités auxquelles la majorité des hommes un jour se soumettra.

Actuellement, la plupart d'entre eux se contentent de satisfactions grossières.

On vit, on jouit des biens de l'existence, on endure la souffrance sans trop savoir pourquoi.

Qu'importe, qu'a-t-on besoin d'aller chercher au delà de ce qui tombe sous les sens ?

En dehors des objectivités absolues, des choses palpables et tangibles, rien n'existe.

On se paie comme monnaie courante d'une morale falote si peu consistante, qu'au moindre obstacle, l'édifice s'écroule.

Parce que, l'homme ne sera jamais véritablement bon ni pur tant qu'il n'aura pas conscience de la vie éternelle, et ne saura pas qu'il possède, dans les espaces infinis, un Dieu, un Maître et un Père.

Quelques-uns cependant, comme vous, ouvrent les yeux, tendent les mains, veulent en un mot la lumière.

C'est pour ceux-là que j'ai écrit, disant ce que j'ai pu dire, soit que l'on me l'ait permis, soit qu'il s'agisse de choses compatibles avec vos formes et états actuels.

Je sais bien que la lumière n'est point parfaite, j'ai péniblement fait la pénombre là où régnait l'obscurité. Certains railleront peut-être le grand philosophe de jadis, venant traiter de sujets pareils dans une langue moderne et familière. Laissez rire ceux qui rient de tout ; il suffit, pour que ma tâche soit remplie et que mon œuvre ne soit pas stérile, que quelques-uns soient convaincus, et que certains réfléchissent en murmurant : qui sait ?

Allez donc avec confiance, mes enfants, répandez la bonne parole, apprenez à vos frères quelle route il faut suivre pour monter vers Dieu.

Aimez Jésus de tout votre cœur, et que nous soit appliquée à tous quatre, qui pendant plus d'un an avons travaillé de concert, sa divine parole : *Pax homini bonæ voluntatis. Amen.*

FIN

Le Catalogue raisonné et illustré des ouvrages qui sont en vente à la Bibliothèque Chacornac, *11, quai St-Michel, Paris, est envoyé franco.*

BIBLIOTHÈQUE CHACORNAC
PARIS — 11, Quai Saint-Michel, 11 — PARIS

LA

SCIENCE ASTRALE

Revue consacrée à l'Étude pratique de l'Astrologie
PARAISSANT LE 1er DE CHAQUE MOIS
depuis JANVIER 1904

Directeur : F. Ch. BARLET

La Science Astrale a pour but de démontrer l'exactitude, d'enseigner et de perfectionner, par la pratique, la Science de l'Astrologie et celles qui s'y rattachent (physiognomonie, phrénologie, chiromancie). Elle se propose aussi d'en développer les conséquences et les applications scientifiques, morales et sociales.

Conçue dans un esprit de recherche tout à fait indépendant, rédigée par des savants exercés depuis longtemps à la pratique désintéressée de l'art astrologique, **la Science Astrale** expose l'état actuel de cet art, vérifie ce qu'il tient de la tradition, en discute les méthodes dans le but de l'adapter aux connaissances et aux coutumes de notre temps.

Elle fait aussi son possible pour mettre rapidement ses lecteurs en état de pratiquer par eux-mêmes cette science trop peu connue.

ABONNEMENTS :

| Un An | . . | **10 fr.** | Six Mois 6 fr. pour la France. |
| Un An | . . | **12 fr.** | Six Mois 7 fr. pour l'Étranger. |

LE VOILE D'ISIS

Journal d'Études Ésotériques, Psychiques et Divinatoires

Directeur : PAPUS
Rédacteur en chef : ÉTIENNE BELLOT

Paraissant tous les mois

ABONNEMENT UNIQUE : 3 FRANCS PAR AN

SAINT-AMAND, CHER. — IMPRIMERIE PUSSIÈRE